한 권으로 먼저 보는
2020년 경제 전망

한 권으로 먼저 보는
2020년 경제 전망

초판 1쇄 발행 2019년 10월 29일
초판 2쇄 발행 2019년 10월 31일

지은이   김광석
편집인   서진
펴낸곳   이지퍼블리싱

책임편집   박은영
진행   이현진

마케팅 총괄   구본건
마케팅   김정현
SNS   이민우
영업   이동진

디자인   강희연
본문디자인   디자인86

주소   경기도 파주시 회동길 37-9, 2F
대표번호   031-946-0423
팩스   070-7589-0721
전자우편   edit@izipub.co.kr
출판신고   2018년 4월 23일 제 2018-000094 호

ISBN   979-11-966335-2-3 (03320)

세계 그리고 한국 경제를 관통하는
중대한 흐름과 최신 트렌드 20가지

한 권으로 먼저 보는
2020년 경제 전망

김광석 지음

iZi 이지퍼블리싱

'모르고 있다는 사실'도 모르고 있습니다. 말하고자 하는 것만 말하고, 보고자 하는 것만 보고 있습니다. 경제라는 하나의 현상을 놓고 누군가는 위기라 말하고 누군가는 위기가 아니라 말합니다. 위기라고 믿는 사람들은 위기라는 말만을 믿고 위기가 아니라고 믿는 사람들은 위기가 아니라는 말만 받아들이고 있습니다.

경제 기사, 경제 강의, 경제 방송, 경제 책들이 넘쳐나는데, 어떤 것이 가짜 정보이고 어떤 것이 진짜 정보인지 구분하기 어렵습니다. "정치색 없이, 이권 단체의 입장 없이, 객관적으로 2020년 경제를 먼저 들여다보고 싶다." 경제 주체들의 마음은 한없이 목마릅니다. 본서는 객관적으로 2020년 경제를 먼저 들여다보고자 하는 경제 주체의 목마름을 해소하는 데 초점을 두고 있습니다.

전서 『한 권으로 먼저 보는 2019년 경제 전망』에서 2019년 경제를 막다른 골목에 다다른 '결정점deciding point'이라고 정의했습니다. 당시 미중 무역분쟁이 장기화하고 불확실성이 고조되며 한국경제의 저성장이 굳어질 것으로 전망했습니다. 전서를 통해 많은 독자로부터 과분한 사랑을 받으며 1년을 지내왔습니다. 본서 『한 권으로 먼저 보는 2020년 경제 전망』을 통해 그 사랑에 보답하고, 매년 경제 전망 도서를 발간하겠다는 약속을 지킬 수 있게 되었습니다.

2020년의 경제 키워드는 '대전환점point of a great transition'입니다. 2020년은 2010년대의 모습과는 다른 새로운 경제구조로 전환되는 시작점입니다. 세계경제는 2019년을 저점으로 반등하고 있습니다. 기준금리를 인상해왔던 긴축의 시대가 종결되고, 완화의 시대로 전환되고 있습니다. 미중 무역분쟁이라는 불확실성은 2020년에도 확실히 이어질 겁니다. 반등하는 신흥국rebounding emerging이 2020년 세계경제의 회복을 견인하기 시작합니다. 또한 디지털세라는 새로운 무역전쟁의 예고편이 시작됩니다.

2020년 한국경제에도 거대한 전환점이 시작됩니다. 소득주도성장이라는 분배 정책에서 투자 진작이라는 성장 정책으로 방향성 전환이 시작됩니다. 한국경제는 제조업 위기를 맞은 상황이지만, 한일 무역전쟁을 계기로 소재·부품·장비 국산화를 최우선 정책 기조로 두고 전환점을 맞이하고 있습니다. 부동산 시장도 탈동조화decoupling라는 새로운 패러다임으로 진입합니다. 2019년까지 '콘셉트'에 머물렀던 디지털 트랜스포메이션digital transformation은 2020년에 '액션'으로 구체화하기 시작합니다.

이 책에 2020년에 펼쳐질 20가지 경제 이슈를 그려 놓았습니다. 세계경제의 주요 이슈 6가지, 한국경제의 주요 이슈 7가지, 그리고 산업·기술 관점에서의 이슈 7가지를 그려 놓았습니다. 이러한 이슈는 여러분과 상관없지 않습니다. 여러분의 삶을 결정할 것입니다. 기업은 2020년 경제적 환경 변화를 주목하고 기회 요인을 포착하고 위협 요인에 대비해야 합니다. 개인은 세계경세에 속한 하나의 유기체로서 경제를 들여다보고 싶은 인문학적 필요를 느끼고 있습니다. 투자자는 '눈을 감고 운전하는 일'이 없어야 합니다. 정부는 가계와 기업이 최적의 의사결정을 할 수 있도록 여건을 조성해주는 책임 있는 주체로서 2020년 경제를 먼저 들여다보아야 합니다. 본서는 2020년 한국경제가 어떻게 전개될 것인지 여러분이 무엇을 준비해야 하는지를 담았습니다.

장석주 시인의 〈대추 한 알〉이라는 시가 떠오릅니다. "대추가 저절로 붉어질 리는 없다. 저 안에 태풍 몇 개, 천둥 몇 개, 벼락 몇 개." 이 책을 내면서 '경제와 씨름하며' 지냈던 수많은 일이 떠오릅니다. 10여 년 동안 민간 및 국책 연구기관에 소속되어 경제와 산업을 분석해왔고, 티브이 토론을 통해 많은 전문가와 대화하며 객관적인 시각을 조정할 수 있었습니다. 정부 자문회의 및 평가회의 등을 통해서 경제와 산업의 크고 세심한 면면을 살피면서 부족한 지식을 살찌울 수 있었습니다. 강연을 통해 만나 뵌 수많은 청중의 질문과 의견은 무딘 논리의 날을 갈아주셨습니다. 수많은 청중의 눈빛을 마주한 순간을 기억하며 이 책을 발간합니다.

"앞으로 경제가 어떨까요?" 여러분의 질문에 다가가 대답해 드리고자 합니다. 연구자들만의 언어가 아닌 쉬운 언어로 대중 여러분께 그 답을 전달해드리고자 합니다. 경제 읽어주는 남자 김광석은 매년 경제 전망 도서를 발간할 계획입니다. 이 책은 그 두 번째 도서입니다. 여러분께서 갖고 계신 "앞으로 경제가 어떨까요?"라는 질문에 이 책으로 대답하고자 합니다.

경제 읽어주는 남자

김 광 석

목차

2020년
주요 경제 이슈의 선정

'대전환점'으로 남을 2020년

우리는 곧 2010년대를 떠나보내고 2020년대라는 새로운 시대를 맞이한다. 1990년대는 2000년대와 달랐고 2010년대는 2000년대와 달랐다. 2020년대는 2010년대와는 다양한 측면에서 그 모습을 달리할 것이다. 듣는 음악과 보는 방송도 달라지고 먹는 음식과 입는 옷도 바뀔 것이다. 익숙한 길의 모습이 변화할 것이고 거주하는 집의 형태도 달라질 것이다. 대화의 주제도 관심과 취미도 달라질 것이다. '나'도 달라지겠지만 '너'도 달라질 것이고 '환경'도 변화할 것이다. 10년 전과 후가 달라졌듯, 우리는 앞으로 달라질 시점 앞에 서 있는 것이다. 그 '다름'이 시작되는 첫해, 2020년을 '대전환점point of a great transition의 해'라고 명명할 만하다.

2018년 졸저『한 권으로 먼저 보는 2019년 경제 전망』을 통해 2019년은 세계경제의 '결정점deciding point'이 되리라 전망했다. 세계경제와 한국경제가 하강 국면이 뚜

자료 : The Next Chapter(http://www.thenextchapter.life/)

렷한 시점이라는 측면에서 그렇게 설명했다. 미중 무역분쟁이 장기화하고 브렉시트 이슈를 둘러싼 불확실성이 가중되며 중국의 경기침체로 세계경제가 고전했다. 한국경제도 산업 구조조정이 본격화되고 기업들의 투자가 지속적으로 위축되며 '고용 없는 경제'로 소득이 감소했다. 최근 국제통화기금IMF, 세계은행World Bank, 경제협력개발기구OECD 등의 주요 경제기구도 다양한 보고서를 통해 2019년의 세계경제는 침체 국면에 있다고 강조했다. 특히 세계은행은 2019년 1월에 발표한〈경제 전망 보고서〉를 통해 2019년 세계경제를 '어두워지는 하늘darkening skies'에 비유했다.

2020년에는 국내외 경제, 산업 및 기술 측면에 대형 이슈가 산재해 있다. 2020년은 과거와 달라지는 점이 많다. 큰 변화가 시작되기에 2020년을 관통하는 대표 키워드를 대전환점으로 뽑았다. 경제적 이슈는 멀리 있는 것이 아니라 나의 삶에 영향을 주고 있다. 나의 삶은 경제적 이슈와 연동되어 그 이슈와 유기적으로 교감한다. 2020년에 펼쳐질 미중 무역분쟁, 한일 무역전쟁, 미국 대선, 완화적 통화정책으로의 전환, 세계 공장의 이동 등 세계경제 이슈들은 한국경제와 산업과 밀접히 연관된다. 소득주도성장 정책의 전환, 슈퍼예산을 통한 재정 정책, 부동산 시장의 변화 등은 나의

소득이요 나의 자산이며 나의 삶인 것이다. 산업과 기술적 이슈들은 나의 현재이며 미래이다.

2020년 경제를 먼저 들여다보라

아무리 좋은 정책일지라도 항상 좋을 수는 없다. 모든 것에 자신만의 때가 있듯이 정책도 그 진가를 발휘하는 때가 있다. 향후 펼쳐질 경제적 여건이 어떻게 전개될지를 먼저 들여다보고, 이에 부합하는 정책을 마련할 필요가 있다. 정부의 정책은 가계와 기업이 경제활동을 하는 토대다. 정책 의사결정을 하는 정부는 국내외 경제가 어떻게 전개될지, 어떠한 기회와 위협이 있을지를 먼저 들여다보아야 한다. 예를 들어, 몇몇 신흥국들이 경기침체를 회복하고 급속도로 성장한다면, 해당 국가들과의 교역을 확대하고 기업들이 신시장을 개척해나갈 수 있도록 안내할 수 있다. 반대로 경제 위기에 처할 나라에 국외 거래를 확대한다면, 국내 경제 주체들은 더욱 어려움에 당면할 것이다.

기업은 경제 환경의 변화를 감지하고 전략 방향을 정해야 한다. 무역 환경은 어떻게 변화할지, 기존 거래 상대국의 경제적 여건은 어떨지, 향후 교역파트너로 개척해야 할 나라는 어디가 적절할지, 생산기지를 한국으로 이전해야 할지, 다른 나라로 이전해야 할지 등 기업의 의사결정에는 세계 경제의 여건과 정책이 고려되어야만 한다. 그뿐만 아니라 정부의 주요 정책 지원은 어떤 것이 있을지, 노동시장 환경에는 어떤 변화가 있을지, 어떤 유망산업을 투자하고 어떻게 진입해야 할지, 어떤 기술을 선도적으로 확보해야 할지 등에 관한 물음표를 느낌표로 바꾸는 노력이 기업의 전략적 의사결정에 앞서 전제되어야 한다.

자료 : Sparkescpaes(https://www.sparkescapes.com)

　가계는 말할 것도 없다. 우리는 성실히 사는 것만으로는 부자가 되기 어렵다는 사실을 체감하고 있다. 이에 재테크 열풍은 식을 줄 모른다. 커다란 아쉬움은 경제를 모른 채 재테크하는 풍토가 생겼다는 점이다. 필자가 『경제 읽어주는 남자』를 통해 처음 남겼고, 저서 『한 권으로 먼저 보는 2019년 경제 전망』에서 재인용한 말이다. "경제를 모르고 투자하는 것은 눈을 감고 운전하는 것과 같다." 재테크란 현금을 주식, 펀드, 부동산, 달러, 엔화, 금 등의 투자 대상으로 옮긴다는 뜻인데, 이 투자 대상의 가치가 어떻게 움직일지를 먼저 알아야 하지 않겠는가? 투자 대상의 가치가 어떻게 움직일지를 살펴보는 것은 '경제를 먼저 들여다보는' 것이다.

2020년 20대 경제 이슈

2020년에 경제를 좌지우지할 주요한 이슈를 세계경제, 한국경제, 산업·기술적 관점에서 고루 도출했다. 거대한 변화가 이루어질 2020년의 20가지 주요 경제 이슈를 큰 그림으로 조망해보고, 이후 장에서 각각을 심층적으로 살펴볼 것이다.

세계경제의 주요한 이슈는 다음의 6가지다. 첫째, 미국뿐만 아니라 유로존, 일본 및 주요 신흥국들이 기준금리를 인하하는 완화적 통화정책을 추진할 전망이다. 주요국들의 기준금리 결정은 세계경제에 큰 변화를 가져 올 것이다. 둘째, 2019년까지 세계경제의 가장 큰 불확실성이었던 미중 무역분쟁이 장기전으로 치닫고 있다. 2020년에 있을 미국 대선을 기점으로 이 이슈가 어떻게 전개될지 지켜보는 일은 매우 중요하다. 셋째, 한일 무역전쟁이 어떻게 전개되고 한국은 어떻게 대응해 나가는지 관심을 가지고 지켜봐야 한다. 넷째, 디지털세 도입을 시작하는 프랑스와 주요 유럽 국가들의 액션, 보복관세를 준비하는 미국의 대응은 또 다른 무역전쟁의 예고편이다. 다섯째, 세계적으로 보호무역주의가 퍼지고, 경제 구조의 지각변동이 일어나면서 '세계의 공장'이라고 불렸던 중국은 그 자리를 다양한 신흥국들에 내줄 전망이다. 여섯째, 2020년 선진국들의 부진에도 주요 신흥국들은 2019년의 저점에서 벗어나 강하게 반등할 것이다.

한국경제의 이슈는 크게 7가지로 선정했다. 첫째, 최저임금의 속도를 조절하는 등 2019년까지 적극적으로 펼쳐왔던 소득주도성장 정책의 기조가 2020년에는 크게 변화할 전망이다. 둘째, 한국경제의 허리 역할을 했던 제조업이 위기에 직면할 것으로 보인다. 셋째, 규제자유특구로 지정된 주요 지역을 중심으로 신산업과 신기술의 혁신적 시도가 본격화될 전망이다. 넷째, 1인당 국민소득 3만 달러를 달성한 나라, 기술 선진국, 잘 사는 나라 등과 같은 수식어와 내 삶은 동떨어져 있는 듯한 '체감이 다른 경제'가 지속할 것이다. 다섯째, 2020년에 계획한 슈퍼예산안이 경기 부양에 기폭제 역할을 할지 상당한 관심이 쏠릴 것이다. 여섯째, 청년층의 사회 진입 지연, 높은 자살률, 낮은 출산율이라는 특징을 갖는 '근심사회distress society'는 한국경제를 보여주는 새로운 단면이다. 일곱째, 2020년 부동산 시장에 강력한 규제가 집중되고, 지역별로 다른 양상을 보이는 탈동조화decoupling 현상이 심화할 전망이다.

산업·기술적 이슈는 기업의 경영전략과 가계의 투자의사 결정에 직접적 영향을 준다. 디지털 트랜스포메이션digital transformation은 2019년에 가장 중대한 트렌드였다. 2019년까지는 디지털 트랜스포메이션의 콘셉트를 잡고 전략적 방향성을 선정했다면, 2020년에는 구체적인 실행을 진행할 것으로 보인다. 둘째, 2019년에 한국이 5G를 최초로 상용화한 나라였다면, 2020년에는 한국이 '최고의 5G 국가'가 되기 위해 스마트 산업을 집중적으로 육성하면서 5G 기반 서비스 시장이 급성장할 것으로 전망된다. 셋째, '동전 없는 사회' 진입을 위한 지급결제 수단의 혁신이 있을 것이다. 한편 수소 경제, 반도체 산업, 신재생에너지 산업 등을 육성하기 위한 정책적 노력과 기업의 움직임이 두드러지게 나타날 전망이다. 마지막으로 금융규제 완화와 창업 활성화 정책의 하나로 크라우드펀딩 활성화 정책이 여러모로 펼쳐지고, P2P 대출 플랫폼이 크게 부상할 것이다.

긴축적 통화정책에서 완화적 통화정책 기조로 전환(기준금리 인하)

세계경제의 가장 큰 위협 요인, 미중 무역분쟁의 장기화

한일 무역전쟁이 본격화됨에 따라 무역갈등 등 긴장감 고조

브렉시트의 이행과 유럽의 결속력 약화

'세계의 공장'이 중국에서 베트남, 인도 등으로 대이동

신흥국들이 2019년의 저점을 벗어나 2020년 종횡무진 성장

양극화 확대 등 정책의 역효과로 방향성 선회, 최저임금 속도 조절

한국경제의 허리, 고용 난의 본질. 가동률 하락하고 재고만 쌓여

규제 샌드박스 적용을 주요 특구로 확대해, 신산업 투자 진흥

1인당 국민소득 3만 달러 달성? 서민 체감과는 무색하게 차이나

약 513.5조 원의 역대급 예산 편성, 나라 살림살이 '재정 정책' 어떻게 진행될까?

3포 세대, 5포 세대, N포 세대. 청년들은 어디까지 포기할 것인가?

분양가 상한제 등 부동산 규제. 지역 간의 탈동조화, 기이한 현상

디지털 트랜스포메이션, 2019년 경영전략에서 2020년 구체적 실행 액션으로

5G를 선도하기 위한 스마트 산업 육성과 5G 기반 서비스 급성장

현금을 대신할 지급결제 수단의 고도화, 다양화

수소의 생성, 저장, 수송, 활용에 이르기까지 밸류체인 R&D 확대

한국의 최대 주력산업 반도체 산업. 위협 요인과 기회 요인

화석에너지에서 신재생에너지로의 대전환이 시작되다.

크라우드펀딩 활성화 정책 및 규제 완화로 P2P 대출 플랫폼의 부상

1부

2020년
세계경제의
주요 이슈

2020

01

R의 공포, 세계경제 위기가 오는가?
완화의 시대로의 전환

2019년에는 세계경제에 상당한 위기감이 조성되었다. 미중 무역분쟁이 격화되고 한일 무역전쟁이 시작되며 홍콩 사태와 노딜 브렉시트 가능성 등이 불확실성을 극대화했다. 미래를 향해 던져지는 많은 질문의 공통점은 '과연 2020년에 세계경제 위기가 오는가?'일 것이다. 밖으로는 'R의 공포다' 안으로는 '디플레이션 우려다'라는 말이 경제 주체를 더욱 불안하게 만들고 있다. 이러한 하방 압력에 대응하기 위해서 각국의 중앙은행은 기준금리 인하를 단행했다. 이제 세계는 '긴축의 시대'에서 '완화의 시대'로 들어서고 있다.

기초설명(기준금리, 장기금리, 단기금리)

중앙은행은 정례회의를 통해 기준금리를 인상할지 인하할지 동결할지를 결정한다. 이는 통화정책의 중요한 부분을 차지하는 정책 의사결정이다. 만약 금리가 하락하면 기업이 저렴한 금리를 이용해서 적극적으로 투자하고자 움직이고, 투자가 늘어나면 양질의 일자리가 창출되어 고용이 확대된다. 늘어난 고용은 국민경제의 소득 수준을 개선하고, 나아가 소비를 진작시킨다. 소비가 진작되면 기업은 더욱 적극적으로 투자한다. 이러한 흐름을 '경제의 선순환 구조'라고 한다. 결국 기준금리를 인하하는 결정은 경기를 부양시키기 위한 정책이다.

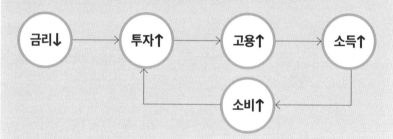

통상적으로 장기금리는 단기금리보다 높다. 돈을 지인에게 빌려준다고 생각해 보자. 내일 갚기로 하고 빌려준다면 굳이 이자를 받지 않을 수 있다. 만약 10년 후에 갚기로 한다면 상당한 이자를 요구해야 할 것이다. 10년 동안 지인의 채무상환 능력(소득 등의 채무를 갚을 수 있는 능력)이 변화할 수 있다는 면에서 위험이 크고, 10년 동안 내가 자금을 활용할 기회를 잃는 것이기 때문에 기회비용도 크기 때문이다.

장기금리는 중장기적인 거시경제의 흐름을 반영한다. 미중 무역분쟁이 격화, 세계 경기침체 및 미국 성장 둔화 불안감에 휩싸인 투자자들이 안전자산인 장기채권 매입에 나서면서 장기채 금리가 가파르게 떨어졌다. 단기금리는 기준금리 변화에 민감하게 반응한다. 상대적으로 경제의 부진한 흐름에도 미국의 기준금리 인하 속도가 느리다고 지적할 수 있는 대목이다. 이렇게 장단기 금리가 좁혀져 오다가 2019년 들어서 장단기 금리가 역전하는 현상이 나타났다.

미국 장단기 국채금리 역전현상

2019년 들어 미국의 장기 국채금리와 단기 국채금리가 역전되는 현상이 일어나고 있다. 통상적으로 장단기 금리 차가 좁혀지거나 역전되면 경기 침체Recession의 전조로 받아들여진다. 실제로 장단기 금리 차는 미래 경기를 예측하는 경기선행지수의 핵심 구성요소다. 역사적으로도 장단기 금리가 역전되는 현상이 있을 때마다 경제 위기가 온 것을 근거로 공포감이 조성되고 있지만, 이는 참조할 만한 것이지 반드시 그렇다고 장담할 수는 없다. 장단기 금리가 역전됨에 따라, 미국이 기준금리를 추가로 인하해야 할 필요성이 더욱 강조되고 있다.

2015~2018년까지 미국 10년물 국채금리와 2년물 국채금리의 격차가 좁혀져왔다. 미중 무역분쟁이 본격화된 2018년 하반기부터 세계경기가 위축되면서 10년물 국채금리가 가파르게 하락해왔다. 반면 2019년 상반기까지 미국은 적극적인 완화적 통화정책 기조(기준금리 인하)로 이행하지 않으면서 기준금리와 직접 연동되는 2년물 국채금리는 상대적으로 완만하게 하락했다. 이러한 흐름 속에서 2019년부터 장단기 금리가 역전되는 현상이 빈번하게 나타나고 있다.

미국 장단기 국채금리 추이

자료 : FRED

미국의 기준금리 인하

기준금리를 인상하는 긴축의 시대가 가고, 경기불황을 타개하기 위해 경기 부양을 위해 기준금리를 인하하는 완화의 시대가 왔다. 2008년 글로벌 금융위기 이후에는 양적 완화 및 기준금리 인하 등의 강도 높은 완화적(확장적) 경제 정책이 주를 이루었다. 이후 미국 경제가 상당한 수준으로 회복되면서 미국 연방준비제도FED는 2015년 12월 기준금리를 인상했다. 2016년 12월에도 기준금리를 한 차례 인상했고, 2017년에는 세 차례, 2018년에는 네 차례 기준금리를 인상했다. 2019년 하반기 들어 기준금리를 인하하기 시작하는 완화의 시대가 다시 도래한 것이다.

2019년까지 미국 경제가 2퍼센트 중반 수준의 견고한 성장을 지속했다. 그러나 국제통화기금IMF은 2020년부터 경기가 급랭할 것으로 전망했다. 즉 미국 경제가 2019년까지는 비교적 견조한 성장세를 이어가고 있지만 2020년에는 미중 무역분쟁과 세계경기 둔화에 따른 불확실성 및

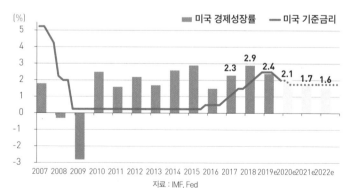

미국 경제성장률과 기준금리 추이 및 전망

자료 : IMF, Fed
주 : 2019년의 기준금리는 미국 연준의 발표를, 경제성장률은 IMF의 전망치를 기준함

위험이 증폭할 것으로 전망한다. 미국의 제조업 지수와 소비자 신뢰 지수가 크게 하락했고, 신규 고용 규모도 매우 축소하는 등 경기후퇴의 경계감이 확대되고 있다. 이에 대해 대응하기 위해서 FED는 2019년 7월과 9월에 기준금리를 인하했다.

제롬 파월Jerome Powell 미 연준의장은 2019년 9월 기준금리 인하 결정 후 기자회견을 통해서 "미국 경제는 아직 강하다. 앞으로 지속해서 기준금리를 인하한 것이 아니라 경기가 안 좋아질 것에 대비하기 위해 '보험성 인하insurance cut'를 결정했다. 앞으로 경기 흐름의 데이터를 지켜보면서 적절히 결정해 나가겠다"라고 설파했다. 이를 방송을 통해 지켜본 트럼프 대통령은 트위터를 통해 "통화정책이 또 실했다. 파월은 배짱도 없고 의사결정의 감각도 없고 미래 경제를 보는 시야도 없다"라며 욕을 했다. 법적으로 독립성이 있는 중앙은행의 결정에 공개적으로 반대 의견을 발표하는 트럼프의 모습은 참 이례적이라고 생각한다. 물론 중앙은행 총재의 인사권이 있다는 면에서 이러한 압박은 나름 통화정책 의사결정에 영향을 미칠 수 있다.

글로벌 금리 인하 도미노, 완화의 시대로

미국에 이어, 주요국 중앙은행이 통화정책을 완화적으로 전환해나가고 있다. 중국 인민은행은 2019년 8월과 9월 '1년 만기 대출 우대금리Loan Prime Rate, LPR'를 낮춰 잡았다. 기준금리를 인하한 셈이다. 유럽중앙은행

ECB과 일본은행BOJ은 마이너스 금리를 도입하며 더욱 경쟁적으로 기준금리를 인하하고 있다.

신흥국도 도미노 대열에 동참했다. 홍콩, 브라질, 인도네시아, 뉴질랜드, 인도, 인도네시아, 태국, 터키 등 수많은 신흥국도 줄줄이 기준금리를 인하했다. 세계경기 전망에 대한 불안감이 커지면서 중앙은행이 '비둘기(통화 완화 선호)' 신호를 강하게 보낸 결과다.

기준금리를 인상 혹은 인하 결정은 기조의 변화를 뜻한다. 마치 비행기가 이륙하고 착륙하는 것처럼, 한번 이륙하면 상당 기간 비행하고 한번 착륙하면 상당 기간 체류하는 것이다. 지난달 인상하고 이번 날 인하하는 변덕스러운 결정이 아니다. 세계적으로 긴축의 시대에서 완화의 시대로 전환되었음을 방증하는 결정이다. 2019년 하반기에 통화정책 기조가 본격적으로 전환되기 시작했다면, 2020년에는 세계적으로 상당 기간 완화적 통화정책을 유지해나갈 것으로 전망된다.

한국 기준금리, 역대 최저 수준으로 인하할까?

2019년 '역풍'이라는 단어가 한국경제에 던져졌다. "한국의 경제성장이 중단기적으로 역풍headwinds을 맞고 있다." 타르한 페이지오글루Tarhan Feyzioglu 국제통화기금 연례협의 한국 미션단장의 말이다. 한국경제는 저성장, 저물가, 저투자, 저고용으로 대변할 수 있다. 한국은행이 전망하고 있는 2019년 경제성장률과 소비자물가상승률만 보아도 경기를 부양하고 2

퍼센트의 목표물가에 도달할 수 있도록 기준금리를 인하할 필요성이 있다. 생산, 수출, 투자, 소비 등 모든 경제활동 영역에서 2019년 내내 저조한 흐름을 보였기 때문에, 재정 정책이든 통화정책이든 경기 부양적으로 적극적인 대책을 마련하는 것이 시급하다.

2019년 하반기 '디플레이션deflation'이 등장했다. 전문가들 사이에도 한국경제는 '디플레이션이 아니다' 혹은 '디플레이션이 우려된다'라는 팽팽한 의견충돌이 있었다. 엄격히 말해, 한국경제는 현재 디플레이션 상황은 아니다. 디플레이션은 지속적인 가격 하락, 즉 경제 전반적으로 상품과 서비스의 가격이 지속해서 하락하는 현상을 뜻한다. 2019년 8월 최초로 -0.038퍼센트라는 마이너스 물가를 기록했지만, 이것만으로 디플레이션이라고 할 수 없다.

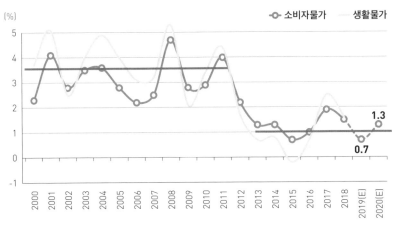

한국 물가상승률 추이 및 전망(한국은행)

자료 : 한국은행
주 : 2019년과 2020년 물가상승률은 한국은행 전망치임(2019.7)

필자는 한 TV 토론회에 나가서 이 주제를 이야기하는 것만으로 "디플레이션 우려가 있다는 것 아닙니까?"라고 반문한 적이 있다. 디플레이션 우려가 있다는 첫 번째 근거는 중장기적으로 물가상승률 자체가 둔화하고 있기 때문이다. 2000년대에는 물가상승률이 평균 3.5퍼센트 수준이지만, 글로벌 금융 위기와 유럽발 재정 위기를 겪은 이후 2013년부터 평균 물가상승률이 1퍼센트 수준으로 하락했다. 2018년에는 월별 물가상승률이 1퍼센트대를 지속했고, 2019년에는 줄곧 0퍼센트대를 기록하다가 마이너스 물가상승률을 기록했다.

두 번째 근거는 근원물가가 0퍼센트대에 가까워지고 있기 때문이다. 근원물가 지수Core Inflation는 경제 상황에 따라 물가변동이 심한 품목을 제외하고 산출한 물가지수다. 연간 기준 근원물가가 전년 대비 0퍼센트대 상승률을 보인 건 1999년(0.3퍼센트)이 마지막이다. 2019년 8월 평균 상승률이 0.987퍼센트로 20년 만에 0퍼센트대 근원물가를 기록할 가능성이 크다. 이는 공급(농산물·석유류)뿐만 아니라 소비·투자 수요 측면이 안 좋다는 것으로 해석할 수 있다. 다소 어려운 개념이지만 GDP 디플레이터가 3분기 연속 마이너스를 기록한 측면에서도 디플레이션에 처할 우려가 없는 것은 아니다.

디플레이션 충격이 상당하므로 최악의 시나리오를 가정하고 정책을 마련하는 것이 필요하지 않을까? 물가가 지속해서 하락하는 디플레이션에 처하면 그 경제는 참담하다. 일본이 겪은 '잃어버린 20년'이 바로 디플레이션이라는 만성질환에 비유할 수 있다. 주가는 하락하고 부동산의 가격도 하락한다. 디플레이션하에서는 현금이나 현금에 준하는 자산 혹은 안전한 채권에 투자하는 것이 유리하다. 특히 총체적인 수요가 급격히 감소하면서 공황으로 연결될 수 있다. 소비자는 가격이 내려갈 것이라 믿으며 소비하지 않고, 기업은 투자를 더 위축시키기 때문에 경기가 악순환에 빠지기 때문이다. 한번 진입하면 헤어나기 어려운 이런 현상을 '디플레이션 소용돌이deflationary spiral'라고 한다. 2020년에는 글로벌 수요가 증가하고 국제유가가 반등하며, 금리가 하락하기 때문에, 물가상승률이 반등할 것으로 전망한다. 즉 디플레이션 가능성은 작아 보인다. 그 충격이 상당하므로 대비책을 마련하는 것은 중요하다.

한국의 기준금리 전망

2017년 11월과 2018년 11월, 한국이 기준금리를 인상했을 때로 돌아가보자. 한국경제 여건이 좋아서 뚜렷한 회복세를 보여서 기준금리를 인상했던 것이 아니다. 한국경제라는 '안살림'을 들여다보면, 그때나 지금이나 기준금리를 인하해서 경기를 부양시키는 노력이 요구되는 상황은 매한가지다.

당시 기준금리를 인상했던 이유는 '바깥 살림' 때문이다. 즉 미국이 2017년 3차례, 2018년 4차례나 기준금리를 인상하는 과정에서 한국의 기준금리와 역전하는 현상이 나타났고, 이에 따라 달러화의 가치와 원화의 가치의 격차가 벌어지면서 대규모 외국인 자금 유출이 일어났다. 국내주가가 크게 흔들리고 기업의 자금난이 심각해져 기준금리를 인상했다.

미국과 주요국들이 기준금리를 인하하는 상황에서 한국의 기준금리 인하를 위한 여건이 마련된 것은 사실이다. 그러나 미국이 통화정책을 더 완화적으로 지속하지 않는다면, 한국이 선제적으로 기준금리 인하를 단행할 수 없는 상황이다. 2019년 10월 한차례 추가적인 금리 인하를 단행했다. 역사적으로 가장 낮은 1.25퍼센트 기준금리 시대에 재진입하는 것이다. 2020년에는 목표물가 2퍼센트를 달성해 디플레이션 우려를 막고 경기를 부양하기 위해 재정 정책과 함께 통화정책이 완화적 기조를 유지할 것으로 보인다. 다만 1.25퍼센트 미만으로 기준금리를 인하하는 것은 부담스러운 상황이기 때문에 '바깥 살림'을 적절히 고려해 지속해서 기준금리를 동결하거나 한차례 추가 기준금리 인하를 단행할 수 있다.

한국과 미국의 기준금리 추이 및 전망

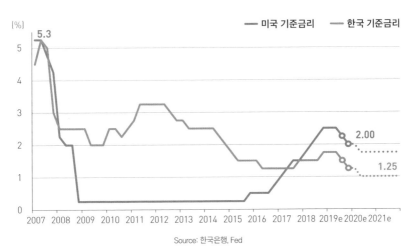

Source: 한국은행, Fed

완화의 시대로 전환된 2020년의 대응

재정 정책의 방향성이 통화정책과 맞물려 경기 부양 효과가 나타나야 한다. '기준금리를 인하해도 아무 효과가 없다'라는 여론이 있다. 금리가 하락해도 기업이 적극적으로 투자하지 않는다는 뜻이다. 엄격히 말해, 이는 금리 인하의 효과가 아니라 나머지 여건이 좋지 않기 때문이다. 투자에 영향을 미치는 요소들은 어쩌면 수백여 가지다. 물건을 살 때 가격이 싸다고 무조건 구매하는 것이 아니다. 성능, 품질, 보존 상태 등이 양호할 때 가격마저 싸면 구매하는 것이다. 대외경기가 불안정하고 산업구조조정이 본격화되는 등의 상황에서는 기준금리를 인하한들 큰 영향이 없을 것이다. 재정 정책은 나머지 여건을 개선하는 데 초점을 두어야 하겠다.

　　재정 정책은 잠재성장률을 끌어올리는 방향으로 전개되어야 한다. 잠재성장률이 중장기적으로 하락하고 있다. 2000년대 초반에는 5.1퍼센트 수준이었으나, 2019~2020년에는 2.5퍼센트 수준에 달할 것이다. 잠재성장률은 한 나라의 경제가 보유하고 있는 자본, 노동력 등 모든 생산요소를 사용해 최대한 이룰 수 있는 경제성장률을 뜻한다. 잠재성장율의 하락은 5톤 트럭이 2톤 트럭으로 체격 자체가 쪼그라드는 모습에 비유될 만하다. 잠재성장률을 구성하는 주요 요인이 모두 위축됐다. 기업의 투자가 위축되어 자본 투입이 줄고 노동 투입이 줄었다. 기술 혁신이나 경영혁신과 같은 '보이지 않는 생산요소' 즉 총요소생산성도 줄었다. 재정 정책은 기업들의 투자 여건을 개선하고 여성 및 고령 인력의 노동 참여를 유도하고 기업의 혁신을 지원하는 방향으로 집중해야 한다. 재정 정책의 여건이 이렇게 조성될 때 완화적 통화정책의 효과를 볼 수 있다.

　금리 변화는 모든 자산가치의 변화를 뜻하고, 기업의 투자와 고용에도 상당한 영향을 미친다. 또한 기준금리에 관한 결정은 기업들의 자기자본 의존도를 결정하는 등 재무전략 관점에서 고려해야 할 사항이 많다. 세계 주요국이 기준금리를 인하 혹은 동결하는 결정을 내릴 때마다 환율, 주가, 국제유가 등의 거시경제 변수들이 급등락할 것이다. 기업들은 기준금리 인하 및 동결 등의 여건을 지속해서 모니터링하고, 시장의 흐름에 맞는 선제적 대응력을 갖추어나가야 할 때이다.

　가계는 투자자로서 금리의 향방을 관찰할 필요가 있다. 제롬 파월이 기준금리를 인하하는 것이 적절하다는 의견을 발표하는 것만으로도 세계 주가가 급등한다. 미국뿐 아니라 주요국들의 기준금리 결정을 관심 있게 지켜보아야 하겠다. 기본적으로 금리가 하락하면 주가나 부동산의 흐름은 긍정적으로 영향을 받는다. 긴축의 시대 2019년까지는 주식보다는 안전자산에 대한 투자가 유망했다면, 완화의 시대가 본격화되는 2020년에는 고수익형 투자가 적절할 수 있다. 금리 외의 중요한 경제 흐름을 숙지하고 정밀한 투자 방향을 선정하는 노력이 필요하다.

02

미중 무역분쟁,
'불확실성'이라는 '확실성'

공기의 소중함에 부색해지고 미세먼지의 두려움에 익숙해지듯이, 아무리 긍정적인 것도 아무리 부정적인 것도 시간이 지나면 애초의 존재감을 잃는다. 2018년 본격화된 미중 무역분쟁은 마치 핵폭탄처럼 세계경제를 불안에 떨게 했고 2019~2020년에 걸쳐 그 대립 구도를 장기화할 것이다. 그들의 대치는 불확실성uncertainty이 아닌 확실성certainty의 맥락에서 이해되고 있다. 경제 주체들은 미중 무역분쟁이 장기화할 것이라고 '확실히' 믿고 있다. 그럼에도 미중 무역분쟁은 세계경제의 가장 영향력 있는 리스크로 자리매김하고 있으므로 이를 이해하는 일은 '확실히' 중요하다.

2020년 11월 3일 제46대 미국 대선이 있다. 트럼프 대통령은 "미국을 다시 위대하게Make the U.S. Great Again"를 외치며, 재선을 공식적으로 선언했다. 트럼프 대통령이 미국 내 일자리 창출과 무역적자 해소 등을 핵심 공약으로 내세운 만큼 대선 때까지 고삐를 늦추지 않을 것이다. 대선 때까지는 미국이 중국을 압박하는 기조를 강경하게 가져갈 개연성이 크다고 보는 여론도 무역분쟁의 파급 영향이 미국 경제에 이미 크게 작용하기 시작해 적당한 시점에서 종식될 것이라는 견해도 상당하다. 미중 무역분쟁의 배경과 경과를 정확히 진단하고 미래 시나리오에 기초해 대비책을 마련해야 한다.

미중 무역분쟁의 두 가지 배경

미중 무역분쟁의 표면적 배경은 '미국의 무역적자'에 있다. 미국의 무역적자 규모는 2013년 약 4,611억 달러 규모에서 2018년 약 6,277억 달러까지 확대되었다. 미국의 무역적자는 1974년부터 지속한 현상이다. 무역적자에서 가장 많은 비중을 차지하는 나라는 2000년 이후 줄곧 중국이다. 1980년대와 1990년대까지는 일본이 미국의 최대 적자국이다가 그 후 순위가 바뀌었다. 미국의 대중 무역적자는 전체 적자에서 50퍼센트 수준을 지속하고 있다. 미국은 무역적자를 해소하기 위해 최대 적자국인 중국과의 무역분쟁이 필요했다.

미중 무역분쟁은 사실상 패권 전쟁이다. 그래서 무역분쟁의 실질적인 배경에는 미국이 중국의 부상을 견제하는 데 있다고 평가한다. 2000년까지 세계 교역에서 1위 자리를 지켜오던 미국은 2010년대 들어 중국에 그 자리를 내주었다. 1990년 세계 교역 15위에 불과하던 중국은 교역 규모가 빠르게 증가하면서 2000년에 7위를 기록했고 2010년에 1위 자리에

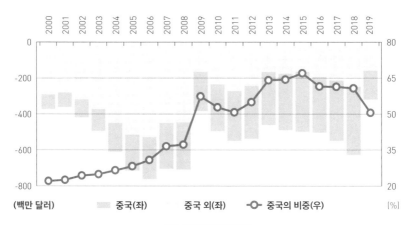

미국의 무역적자 추이

(백만 달러)   ▨ 중국(좌)   중국 외(좌)   ─○─ 중국의 비중(우)   (%)

자료 : 미국상무부 경제분석국
주1 : 2019년은 2분기까지의 누적값을 기준으로 추산함
주2 : 상품과 서비스 무역수지를 기준으로 함

올라섰다. 트럼프가 2017년 1월 집권을 시작하면서 '미국을 다시 위대하게' 공약을 실행하기 위해 중국을 대상으로 강도 높은 무역분쟁을 시작한 것이다.

트럼프 발 무역분쟁의 배경이 급부상하는 중국 견제에 있다는 근거는 '관세 품목의 분포'에서도 찾을 수 있다. 미국의 통상법 301조에 따른 미국의 첫 번째 관세부과 대상 품목은 약 70퍼센트가 '중국제조 2025'의 신기술 산업에 속한 제품이다. 중국의 성장을 견제하기 위한 미국의 대응이었다. 중국은 '제조 대국'에서 '제조 강국'으로 성장하기 위한 큰 방향성을 선정했고, 그 과정에서 미국과 정면으로 마주했다.

세계 Top 10 수출국 순위

	1990	2000	2010	2019
1	독일	미국	중국	중국
2	미국	독일	미국	미국
3	일본	일본	독일	독일
4	프랑스	프랑스	일본	일본
5	영국	영국	네덜란드	네덜란드
6	이탈리아	캐나다	프랑스	프랑스
7	네덜란드	중국	한국	한국
8	캐나다	이탈리아	이탈리아	이탈리아
9	벨기에	네덜란드	영국	홍콩
10	USSR	홍콩	벨기에	영국

자료 : WTO Statistical Program
주 : 1990년 중국은 15위, 2019년은 2분기까지의 누적값을 기준으로 함

　　중국은 장난감, 인형 등의 노동 집약적인 로테크low-tech 제품 제조에서 첨단기술이 집약된 하이테크high-tech 산업으로 도약하고자 노력한다. 그 과정에서 특허 등록 건수가 미국을 압도적으로 초과한다거나 미국의 시가총액 최상위 기업인 구글, 애플, 마이크로소프트, 아마존을 바짝 추격하고 있는 중국 기업들(알리바바, 텐센트, 바이두 등)이 눈에 띄게 등장했다. 실제로 스마트폰 산업에서 삼성전자는 1위 자리를 유지하고 있지만, 2위 자리를 놓고 미국과 일본 간의 싸움이 치열했다. 2018년 이후로 애플은 화웨이에게 시장 점유율 2위 자리를 내주는 '역사적인' 일이 일어났다. 미국과 중국은 '미래 먹거리'를 놓고 전투를 벌이고 있다.

미중 무역분쟁 1차전

미중 무역분쟁의 조짐은 2016년에 나타났다. 트럼프는 대통령 후보 시절, 미국을 만성 무역 적자국에서 벗어나게 하겠다고 공약을 선포했다. 무역적자에서 벗어나려고 미국이 체결하고 있는 다양한 자유무역협정Free Trade Agreement, FTA을 개정하기 위한 재협상을 추진하고, 교역 대상국에 환율절상 압력을 가하는 등의 노력을 전개하고 있다. 트럼프 발 무역분쟁의 시발점이었다.

미중 간 무역분쟁 1차전은 2017년 8월 중국의 지식재산권 침해 등에 부당함을 지적하면서 시작되었다. 2018년 들어 미국은 철강, 반도체, 세탁기 등 주요 무역적자 품목에 고율의 관세를 부과했다. 중국은 미국을 강도 높게 비난했고 보복관세를 부과할 것을 예고했다. 2018년 5~6월에 미중 간 무역협상을 세 차례 진행했지만, 관세부과 철회 공동성명 및 철회번복을 오가다 결국 타결에 실패했다. 미국은 2018년 7월 6일 자정을 기점으로 중국에서 수입하는 340억 달러 규모의 수입품에 대해 25퍼센트 고율의 관세를 부과했다. 중국 역시 미국과 동등한 규모의 관세를 발효했고, 총 545개 품목에 보복관세를 부과했다. 리커창李克强 중국 총리는 "상대방이 관세부과 조치를 한다면 중국도 상응한 반격을 할 것"이라 하면서 무역전쟁이 발발했다. 이후 양국은 추가 관세를 부과하면서 한 치의 물러섬 없이 전쟁을 지속해왔다.

미중 무역분쟁 2차전

2019년 4월 말 양국의 협상으로 무역분쟁이 종식할 거라는 일부의 기대가 있었다. 트럼프는 2019년 5월 트위터를 통해 무역분쟁 2차전을 선포했다. 기존에 10퍼센트 관세를 부과했던 2,000억 달러 규모의 중국 수입품에 추가 관세를 25퍼센트로 상향하겠다는 발표였다. 수차례 양국의 협상과정에서 미국의 요구 사항을 중국이 들어주지 않았다는 이유였다. 예를 들면, 지식재산권 침해 문제를 중국 국내법으로 강제할 것, 불공정한 중국의 산업보조금 정책을 개선할 것, 중국 농산물 및 서비스 시장을 개방

미중 무역분쟁 - 고율 관세 부과 현황

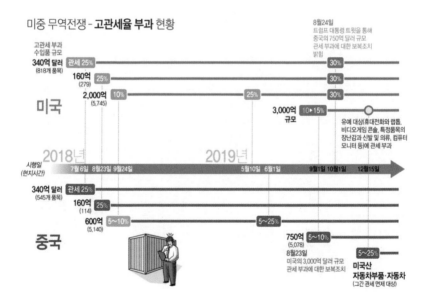

자료 : 연합뉴스, 미국 무역대표부(USTR), 중국 상무부

할 것 등이 이에 해당한다. 중국은 이러한 요구에 '내정간섭'이라며 굴복하지 않았다. 들어줄 수 없는 요구를 하고, 요구를 들어줄 생각도 없는 협상이었다. 미중 무역분쟁은 애초에 협상으로 이끌 수 없는 갈등구조를 내포한다.

미국은 내내 주먹질만 하다 발차기를 시작했다. 관세 이외의 다른 무기를 동원해 싸움을 이어간 것이다. 트럼프 대통령은 2019년 7월 트위터를 통해 WTO 개도국이 불공평한 이득을 얻고 있다'

트럼프의 발표(2019.5.5)

Donald J. Trump
@realDonaldTrump
45th President of the United States of America🇺🇸

* "For 10 months, China has been paying Tariffs to the USA of 25% on 50 Billion Dollars of High Tech, and 10% on 200 Billion Dollars of other goods. These payments are partially responsible for our great economic results. **The 10% will go up to 25% on Friday.325 Billion Dollars of additional goods sent to us by China remain untaxed, but will be shortly, at a rate of 25%.** The Tariffs paid to the USA have had little impact on product costs, mostly borne by China. The Trade Deal with China continues, but too slowly, as they attempt to renegotiate. No!"

자료 : Twitter

라며 미 무역대표부USTR에 향후 90일 내 WTO 개도국 기준을 바꿔 개도국 지위를 넘어선 국가가 특혜를 누리지 못하게 하라는 지시를 내렸다. 트럼프 대통령은 첫째, OECD 가입국, 둘째, G20 회원국 셋째, 세계은행 분류 기준의 고소득국가, 넷째, 세계 상품무역 비중 0.5퍼센트 이상이라는 기준에 어느 하나라도 부합하는 국가는 WTO 개도국에 포함하면 안 된다고 강조했다. 중국을 겨냥해 개도국 혜택을 제외해야 한다는 조치지만, 한국은 고래 싸움에 새우 등 터지는 격으로 위험에 처했다. 한국은 위 4가지 기준에 모두 부합하기 때문이다.

WTO 개도국 지위 관련 미국의 제시기준

	OECD가입국(7)	OECD가입국(7)	고소득국가(22)	세계무역 비중 0.5%이상(17)
모든 기준 해당(1)	한국	한국	한국	한국
3개 기준 해당(3)	터키, 멕시코	터키, 멕시코, 사우디아라비아	사우디아라비아	터키, 멕시코, 사우디아라비아
2개 기준 해당(12)	칠레, 이스라엘	중국, 인도네시아, 인도, 브라질, 아르헨티나, 남아공	칠레, 이스라엘, 아르헨티나, 싱가포르, UAE, 홍콩, 대만	중국, 인도, 인도네시아, 브라질, 남아공, 싱가포르, UAE, 홍콩, 대만
1개 기준 해당(19)	콜롬비아, 코스타리카		안티구아, 바레인, 바베이도스, 오만, 브루나이, 쿠웨이트, 마카오, 파나마, 푸에르토리코, 트리니다드 토바고, 카타르, 세이셸, 우루과이	필리핀, 태국, 베트남, 말레이시아

자료 : 외신 종합

　한국은 1995년 WTO에 가입할 당시 농업 부문에서는 개도국임을 선언했고, 지금까지 개도국 지위를 유지하고 있다. 농업 외 분야에서는 개도국의 지위를 활용하지 않기로 약속했다. 무역학 이론 중에 '유치산업 보호론Infant Industry Argument'이 있다. 어린아이와 같은 유치한infant 산업에 자유무역 논리를 적용하면, 산업이 정상적으로 성장할 수 없으므로 관세 등의 보호무역 조처를 할 수 있다는 내용이다. 현재 한국은 쌀, 고추, 마늘, 양파, 감귤, 인삼, 감자와 일부 민감 유제품 등을 특별 품목으로 지정해 높은 관세를 적용하고 있어, 자유무역 체제에서도 마음 놓고 농사지을 수 있는 상황이다. 수입 쌀의 경우 513퍼센트의 관세를 부과할 수 있다. 이제 관세를 조정해야 하는 상황에 놓인 것이고 2020년부터 국내 농산업에 상당한 구조조정이 야기될 수 있다.

　또 다른 강력한 공격은 중국을 '환율조작국으로 지정'하면서 강행되었다. 그 시점이 이례적이었다. 미 재무부는 2016년부터 매년 4월과 10월에 환율보고서를 발표해왔다. 그런데 2019년 5월에 환율보고서를, 8월에는 환율보고서도 없이 환율조작국 지정을 발표했다. 환율조작국 지정 기준도 이례적이었다. 그동안 교역촉진법에 따라 대미 무역수지 흑자가 200억 달러 이상이거나 경상수지 흑자가 GDP 대비 3퍼센트를 초과하는 등 명확한 기준으로 환율조작국 여부를 평가했지만, 8월에는 전혀 다른 기준인 종합무역법을 적용했다. 명확한 기준 없이 임의로 환율조작국을 지정한 것이다. 그동안 미국이 관세를 부과함으로써 중국의 수입품에 장벽을 쳐왔지만, 중국이 위안화 가치를 조정해 그 장벽을 상쇄시켰다고 판단한 것이다.

중국은 미국의 공격에 당하기만 한 것이 아니라 대두(콩) 등과 같은 미국 농산물 수입제한 조치를 발동해 맞불을 지폈다. 이미 선적 수송 중인 농산물에 수입제한 조처를 한 것은 유통기간 등을 고려했을 때 미국 수출 기업 입장에서는 폭탄을 맞은 듯한 느낌이었을 것이다. 미국 농가의 마음은 어땠을까? 미국 내 트럼프 대통령의 지지도 상당히 낮아졌을 것이다. 2019년 9월 들어 양국이 기존의 추가 관세 폭을 상향 조정하거나 새로운 수입 품목에 추가 관세를 부과하는 방법으로 무역분쟁을 격화하고 있다.

환율조작국의 개념과 지정 기준 및 제재 내용

환율조작국이란?	법령	종합무역법
미국의 종합무역법에 규정된 개념 자국의 수출을 늘리고 제품의 가격경쟁력을 확보하고자 정부가 인위적으로 외환시장에 개입해 환율을 조작하는 국가	지정기준	▶ 대규모 경상수지 흑자국 ▶ 유의미한 대미 무역수지 흑자국
	제재내용	▶ 해당 국가의 경제 및 환율 정책을 압박

자료 : 미 재무부

2020년 미중 무역분쟁 3차전

양국은 협상의 끈은 절대 놓지 않으면서 강력한 공격을 준비하고 있다. 트럼프 대통령은 "협상을 계속할 것이다. 취소하지 않았다"라고 말했고, 경솽耿爽 중국 외교부 대변인은 "평등과 상호 존중의 바탕 위에서 문제 해결의 방법을 찾아야 한다"라고 말했다.

양국은 협상 기조를 유지한 채 더욱 폭넓고 강력한 공격을 선포하고 있다. 2019년 12월부터 중국은 그간 관세 면제 대상이었던 미국의 자동차와 자동차 부품에 5~25퍼센트의 관세를 부과할 계획이다. 미국도 그동안 관세 유예대상이었던 소비재 품목에 관세를 부과할 계획이다. 휴대전화, 모니터, 노트북, 비디오게임 콘솔, 장난감, 신발, 의류 등에 걸친 중국의 소비재 수출을 막겠다는 것이다.

한국의 수출구조는 미국과 중국에 지극히 의존적이다. 2018년 기준으로 전체 수출의 중국 의존도가 26.8퍼센트에 달하고, 미국 의존도가

12퍼센트에 달한다. 한국은 수출의 약 40퍼센트가량을 미중에 의존한다. 더욱이 한국의 대중 수출은 중간재와 자본재가 절대적인 비중을 차지하는데, 미국이 중국에서 소비재(완제품)를 수입하지 않겠다는 방향성은 고스란히 한국의 중국 수출에 영향을 준다.

2020년 미중 무역분쟁의 경과를 감시하는 것은 매우 중대하다. 서로 간에 타협점을 찾을 수 없는 요청과 거부를 반복할 것으로 전망한다. 두 스트롱맨strong man은 정치적으로 자국의 지지를 받기 위해 상대국에 강경한 기조를 유지할 것이다. 그러나 경제적으로 무역분쟁의 충격이 양국에 모두 크게 작용하는 과정에서 협상의 끈은 놓지 못할 것으로 보인다. 헤비급 선수가 으름장은 놓지만 서로 폭발할 것을 두려워하는 모습과 같다. 미중 무역분쟁은 기본적으로 패권 전쟁이라는 바탕에 기초하고 있으므로 장기전이 될 것이다. 그러나 2019년까지 불확실했던 미중 무역분쟁이 '확실히' 전개될 것이라고 보는 과정에서 세계경제는 그 상황을 수용하

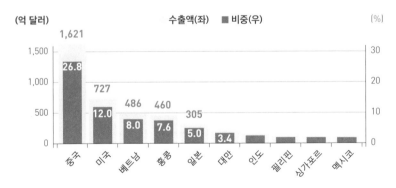

한국의 10대 수출국 대상국별 수출액과 비중 현황

자료 : 한국무역협회(2018년 기준)

고 의연해지리라 추측한다. 국내외 주요 경제기관은 미중 무역분쟁이 장기화되리라는 전제하에 2020년 경제를 전망하고, 이 전망은 이미 주식시장과 자본시장에 반영되어 '불확실성이라는 확실성certainty known as uncertainty'이 세계경제에 드리워졌다.

고래 싸움에 휘둘리지 않기 위한 준비

한국은 중장기적으로 중국과 미국의 수출의존도를 낮추기 위해 수출 대상국을 다변화하려는 노력을 추진해야 한다. 중국의 대미 수출이 줄고, 미국의 대중 수출이 축소하는 과정에서 한국의 중간재 수출 활로가 타격을 입을 수 있다. 특히 한국의 대중 수출구조는 중간재 의존도가 높아 더욱 그럴 수 있다. 인도, 베트남, 필리핀 등 부상하는 유망 신흥국들이 있으므로 한국은 신시장을 개척하고, 수출 활로를 확대해야 한다. 내수 시장에서 성공적인 중소기업의 우수 제품을 잠재 수요가 있는 해외 신시장과 연결하는 노력도 강화해야 한다.

대외적으로 정치적 긴장 고조가 팽배해지는 시점에서, 정부는 수출이 지속할 수 있도록 각종 외교 통상 전략을 마련하고 있다. 정부는 외교적 기회를 더욱 적극적으로 발굴하고, 기업은 정부 정책에 공조하면서 시너지를 낼 수 있다. 정부는 기업이 협업을 요구할 때 적극적으로 대응하고 정책 지원을 활용할 수 있어야 한다.

호베르투 아제베두Roberto Azevedo WTO 사무총장은 미중 무역분쟁으로 "전 세계 무역장벽이 증강"할 것이라 진단했다. 한 나라의 보호무역 조치는 상대국의 또 다른 보호무역 조치를 낳는다. 과정에서 한국산 수출품도 고율의 관세가 부과되어 수출에 차질이 생길 수 있다. 보호무역 조치가 발동할 때는 기업이 각국의 반덤핑, 상계조치를 피해가기 어렵다. 기업은 초반 대응이 필수적이고 철저한 답변을 준비해야 하며 무역구제 조사를 대비한 가격 책정 및 보조금 관리가 필요하다. 또한 각국이 제시하는 규격, 기준 등을 고려해 제품을 인증하고, 제품 인증 과정에서 기술 기밀 유출 및 지재권 침해 등이 발생하지 않도록 유의할 필요가 있다.

투자자들은 불확실성을 확실성으로 만들어야 한다. 미중 무역분쟁이 완화하거나 격화하는 현상이 지속할 것이다. 이러한 움직임은 금융시장에 공포감과 안도감을 교차하게 한다. 특히 2020년 재선을 앞에 둔 트럼프 대통령의 움직임은 누구도 가늠할 수 없고 '트럼프 포비아Trump phobia' 가 세계경제를 교착상태로 만들 것이다. 불안한 심리는 투자자들을 더욱 안전한 자산으로 이끌고, 불안감이 급진적으로 완화하면서 반대 방향으로 금융시장을 출렁이게 만들 것이다. 2019년에도 그랬듯이 이런 현상은 2020년에도 지속할 것으로 보인다. 미중 무역분쟁의 경과를 이해하고, 환율, 금리, 외환 수급, 국내외 증시 움직임을 예측하면서 투자의사 결정을 해야 한다.

03

한일 무역전쟁 격화,
일본의 적반하장과 한국의 주반하장

"가해자인 일본이 적반하장으로 큰소리치는 상황을 결코 좌시하지 않겠다." 문재인 대통령이 경고했다. 2019년 8월 2일 일본이 백색국가white list에서 한국을 배제하는 결정을 내린 직후, 문재인 대통령이 긴급 국무회의를 열고 강한 다짐을 발표했다. 2019년 8월 15일 광복절 경축사에서 "아무도 흔들 수 없는 나라"를 다짐하며 "경제 발전의 저력을 나누어줄 수는 있어도 빼앗길 수는 없음"을 강조했다.

적반하장賊反荷杖은 '도둑이 도리어 몽둥이를 든다'라는 뜻이다. 우리 정부는 일제 강제노역 피해자들을 향한 진정한 사과와 보상을 요구했지만 일본은 수출규제를 통한 경제 침략을 단행했다. 이 경제 침략은 한국 경제의 급소를 겨냥했다. 도둑이 몽둥이를 들었다. 이제 주반하장主反荷杖의 시점이다. 이제 주인이 도둑을 혼내줄 시점이다.

일본의 경제보복 전개

일본 정부는 2019년 7월 4일 0시를 기점으로 반도체와 디스플레이의 3대 소재 품목에 한국 수출규제 강화 조치를 발동했다. 해당 품목에는 스마트폰 디스플레이에 사용하는 '플루오린 폴리이미드', 반도체 기판 제작에 사용되는 '감광제 리지스트', 반도체 세정에 사용하는 '에칭 가스'가 있다.

일본의 한국 수출규제 품목

구분	일본 의존도	용도
플루오린 폴리이미드	93.7%	TV, 스마트폰의 유기EL(전자형광) 디스플레이 패널 부품으로 사용
리지스트	91.9%	반도체 공정에서 빛을 인식하는 감광재
에칭 가스	43.9%	반도체 회로에서 빛을 쏘지 않는 부분을 깎아낼 때 사용하는 소재

일본의 추가 보복 조치가 이어지고 있다. 일본 정부는 공청회를 거쳐, 7월 말 정부 훈련을 개정해 백색국가를 수정했다. 백색국가는 일본이 미국과 한국 등 27개국에 수출을 할 때 허가 취득 절차를 면제해주는 제도를 말한다. 일본은 백색국가에서 한국만 제외해 수출규제를 강화한 것이다. 지금까지 '포괄적 허가 사항'으로 3년간 개별 품목에 일일이 허가를 받지 않았기 때문에 일본 기업은 수출하기가, 한국 기업은 수입하기가 수월했다. 이제 허가를 받는 데 90일 정도 걸릴 것으로 예상하고, 수출 제한 품목이 확대될 것으로 보인다. 만약 '수출을 금지'했을 경우 WTO 분쟁에서 패소할 소지가 있지만 '수출 절차를 강화'한 것이기 때문에 일본은 그 문제도 교묘히 빠져나갔다.

일본은 향후 수출규제 강화 대상 품목을 확대할 것으로 보인다. 반도체 산업을 공격한 것과 같이 주요 주력 산업에 핵심 소재나 부품을 공급하지 않는 방식으로 '적반하장'의 상황이 전개될 가능성이 크다. 송금 절차 및 한국인 비자 발급을 엄격하게 관리해 기업 간의 경제 교류를 막을 수도 있다. 나아가 일본은 관세 인상 등의 방법으로 수입규제를 강화할 것이다. 2019년 8월 22일 청와대는 한일 군사정보 보호협정GSOMIA을 연장하지 않고 종료할 것을 공식 발표하면서, 한일 무역전쟁이 현실화될 가능성이 커졌다. 이러한 상황을 두고 한미일 동맹을 강조하는 미국이 한일 문제에 적극적으로 개입해 갈등을 완화할 것이라는 시나리오도 상당한 지지를 받고 있다. 그럼에도 양국 간의 긴장감과 대립구조는 2020년을 넘어서 상당 기간 지속할 것이고, 무역과 공급사슬 구조는 경색할 것으로 보인다.

일본의 경제보복은 왜?

미중 무역분쟁은 표면상으로 미국의 대중 무역적자를 해소하기 위한 것이었다. 물론 그들의 싸움은 근본적으로 미래 먹거리 산업을 쟁취하려는 패권전쟁이다. 무역 적자국인 미국이 무역 흑자국인 중국에서 관세를 인상해 무역수지를 적절한 수준으로 조정하겠다는 의지는 자국을 위한 현명한 판단일 수 있다.

반대로 무역 흑자국인 일본이 무역 적자국인 한국에 수출을 막겠다는 의도는 쉽게 이해할 수 없다. 이번 무역 보복 조치의 배경과 원인에 다양한 추론이 만무하지만, 아베 총리의 꿈은 전쟁이 가능한 국가로 개헌하는 것이고, 그 꿈을 실현하기 위해 초당적 지지를 받고자 벌인 시도라는 것이 주된 여론이다.

2012년 12월 출범한 아베 정권은 아베노믹스Abenomics라고 불리는 대대적인 경기 부양책을 강행했으나 성공하지 못했다. '일본의 잃어버린 20년'을 돌려놓겠다는 의지로 과감한 금융 완화(통화공급 확대), 엔화 평가 절하, 인프라 투자 확대, 소비세 인하 등 대규모 양적 완화 정책을 펼쳐왔다. 이 과정에서 정부 부채는 과도하게 증가했고 경제성장률은 2퍼센트를 채 넘지 못하는 지지부진한 흐름을 이어왔다. IMF는 2020년 일본의 경제성장률을 0.5퍼센트로 전망했다. 일본은 '잃어버린 30년'을 향해가고 있다.

일본 경제 주요 동향 및 전망

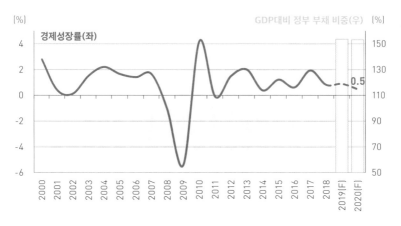

자료 : IMF(2019.10.) World Economic Outlook
주 : 2019년과 2020년 통계는 IMF 전망치임

아베 정권 지지율이 하락해왔고, 일본의 제96, 97, 98대 내각 총리대신으로 3선 연임 중인 아베 신조는 2019년 7월의 참의원 선거라는 중대한 숙제를 마주했다. 참의원 선거에서 우익 정치세력을 결집해서 자민당 압승을 노리는 것이라는 예측이 있다. 참의원 선거에서 상원에 해당하는 참의원의 과반의석을 점유하지 못하면 집권 내각의 존립이 위태로워질 수 있다. 자민당은 출마 후보자들에게 선거 연설에서 수출규제 강화 조치를 언급하라는 지침을 내린 것을 보면, 정치 문제를 외교 및 경제적으로 풀어보고자 하는 트럼프식 발상과 크게 다르지 않다. 압승은 아니지만 과반의석을 점유한 아베 총리는 한국에 강경한 태도를 유지하며 개헌이라는 목표를 달성하기 위해 의지를 굽히지 않으리라고 예상한다.

일본의 경제 침략이 한국경제에 미칠 영향

일본은 한국의 5위 수출 대상국이다. 2000년까지만 해도 일본은 미국 다음으로 2위 수출 대상국으로 절대적으로 중요한 위치였다. 그러나 중국 수출이 크게 늘고 베트남과 홍콩 수출이 확대되는 과정에서 일본은 수출 대상국 5위로 밀려났다. 일본은 교역 파트너로서의 중요성이 점차 줄어든 것은 사실이지만 한국 수출의 5퍼센트를 차지하는 여전히 중요한 나라다.

단기적으론 한국의 피해가 불가피하다. 한국과 일본의 관계가 경색해지고 반도체 외 다양한 영역에 걸쳐 교역량이 축소할 것으로 보인다. 한국은 총수출의 5퍼센트 이상을 일본에 의존해온 만큼 대외 부문의 성장기

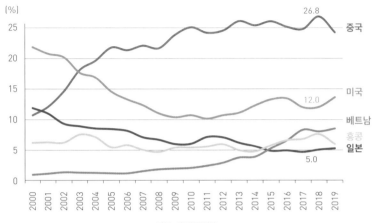

한국의 5대 수출 대상국별 수출 비중 추이

[%]

26.8 중국

미국

12.0

베트남

홍콩

일본

5.0

자료 : 한국무역협회
주 : 2019년은 6월까지의 누적값을 기준으로 함

여도가 크게 위축할 것이다. 일본이 주요 공급선을 차단하는 과정에서 일시적으로 기업 심리가 위축되고 생산 규모가 둔화하면서 고용 침체 등의 내수 충격으로 이어질 수 있다. 공급선을 대체하거나 국산화하는 데 비용적 요소가 발생하고 상당한 혼란을 겪을 것으로 예상한다.

중장기적으로는 한국의 산업구조를 탈바꿈할 기회다. 반도체 업계 내에서는 일본이 차단한 주요 공급품이 국산화하거나 공급처를 대체하는 것이 '불가능하거나 어려운 일'이 아니라 '번거로운 일' 정도로 알려져 있다. 관련 기업은 주 52시간 근무제를 한시적으로 적용받지 않는 예외업종으로 분류할 것을 정부에 요청한 상황이다. 근무자들은 여름휴가를 반납하고 한두 달 정도 초과 근무를 하는 번거로움을 감내해야 할지 모른다. 일본이 수출규제 품목을 다양화할 경우, 비슷한 상황에 부닥칠 기업도 다소 번거로울 것이다.

전문가들이 그토록 지적해왔던 핵심 부품 공급의 국산화, 주요 전후방 산업의 다각화, 공급사슬의 다변화가 이루어질 것이다. 양국 간의 부품, 소재, 중간재 수입은 자연스럽게 다른 나라의 제품으로 대체할 것이기 때문에 일본 의존도가 2~3퍼센트 이하로 떨어질 것이다. 한국으로서는 진정한 의미의 경제적 주권을 회복할 기회이다.

일본이 백색국가에서 한국을 배제하는 결정을 내리자, 한국 정부는 수출 제한 품목을 확대할 것에 선제 대응하기 위해 다양한 대응책을 구축하고 있다. 우선 일본의 수출 통제 가능 품목 총 1,194개를 조사하고, 국내 사용량이 많고 수입 대체가 불가능한 품목 약 159개를 집중관리 품목으로 선정했다. 소재부품 수급 대응 지원센터를 구축해 재고 수입 동향을 상시로 파악하고 기업 애로사항을 해소하며 맞춤형 대응책을 제공하기 위해 준비하고 있다. 정부는 '소재·부품·장비 경쟁력 강화대책'을 발표해 핵심 전략품목을 중심으로 조기에 공급을 안정화하고 대외 의존적 산업구조를 탈피할 청사진을 제시했다.

한국은 기술적으로, 그리고 주요 핵심 소재 및 부품의 영역에서 일본에 의존적인 경제구조에 있다. 한국과 일본의 교역은 같은 산업 내에서 수출과 수입을 통해 '원자재-중간재-완제품'을 주고받는 구조다. 한국은 고부가가치 첨단 원자재를 일본에서 수입해 중간재나 완제품을 다시 수출한다. 한국의 대일 수출이 늘어나면, 더 많은 대일 수입이 늘어난다. 우리는 열심히 수출해서 남 좋은 일을 해왔다. 한국의 제조업은 핵심기술 및 핵심 소재가 상당 부분 일본에 의존적이었다. 한국의 대일 수출도 줄겠지만 대일 수입이 크게 줄어 2020년에는 최초로 한일 무역수지가 흑자로 돌아설 역사적 전환점을 맞이할 수 있다.

일본 수출규제 대응 민관 합동 협력 체계

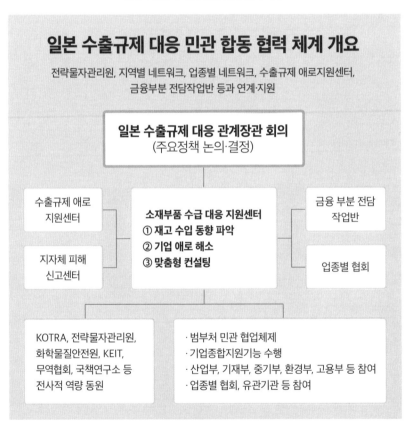

일본 수출규제 대응 민관 합동 협력 체계 개요

전략물자관리원, 지역별 네트워크, 업종별 네트워크, 수출규제 애로지원센터, 금융부분 전담작업반 등과 연계·지원

일본 수출규제 대응 관계장관 회의
(주요정책 논의·결정)

수출규제 애로
지원센터

지자체 피해
신고센터

소재부품 수급 대응 지원센터
① 재고 수입 동향 파악
② 기업 애로 해소
③ 맞춤형 컨설팅

금융 부분 전담
작업반

업종별 협회

KOTRA, 전략물자관리원,
화학물질안전원, KEIT,
무역협회, 국책연구소 등
전사적 역량 동원

· 범부처 민관 협업체제
· 기업종합지원기능 수행
· 산업부, 기재부, 중기부, 환경부, 고용부 등 참여
· 업종별 협회, 유관기관 등 참여

자료 : 관계부처 합동

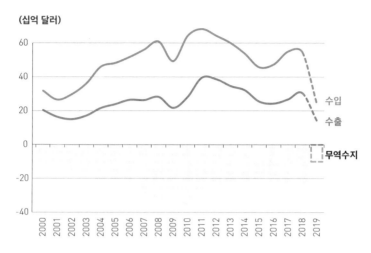

한국의 대일 무역 동향

(십억 달러)

수입

수출

무역수지

자료 : 한국무역협회
주 : 2019년은 6월까지의 누적값을 기준으로 함

한국의 주반하장, 일본의 위기

사실상 한일 경제 관계에서 한국이 일본에 더 중요한 무역파트너였다. 한국은 일본에 약 50여 년간 무역흑자를 안겨주었다. 한국은 일본에서의 수입이 일본으로 향하는 수출을 지속적으로 웃돌아 대일 무역 적자국에 해당한다. 한국은 일본에 5조 7,926억 엔 규모의 수출과 2조 2,421억 엔 규모의 무역흑자를 가져다주는 3위 수출 대상국이자 무역 흑자국이다 (2018년 기준). 그러므로 일본의 수출규제 강화 조치는 '자해적 조치'라고 평가받고 있다. 거시적으로 볼 때도 양국 간의 교역이 끊기면 일본의 피해가 더 클 수 있다. 그런 피해를 모를 리 없는데 수출규제를 단행했다는 점에서 무역을 정치적으로 활용한 것이라는 주장에 힘이 실린다.

본래 수요처보다 공급처가 괴로운 법이다. 빵 공급사슬을 축소해 들여다보자. 빵집과 밀 농가가 있다고 해보자. 밀 농가가 밀 공급을 끊겠다고 하면, 빵집은 다른 밀 농가를 찾거나 스스로 밀 농사를 지을 수 있다. 밀 농가는 농사 지은 밀을 어떻게 소진할 것인가? 빵집에 충분한 밀을 공급하기 위해 그동안 농지를 개간한 투자는 어찌할 것인가? 중요한 건 다른 빵집이 없다는 점이다. 한국의 메모리 반도체는 세계 밀의 절대적 공급량을 소진해온 독과점적 지위의 빵집이다.

감광제를 생산 판매하는 '도쿄 오크공'과 'JSR', 불화수소를 생산 판매하는 '스텔라케미파', '쇼와덴코', '모리타 화학 공업', 플루오린 폴리이미드를 생산 판매하는 '가네카', '다이 킨 공업'은 큰손을 잃었다. 한국도 주요 소재 수요를 일본에 90퍼센트 의존해온 만큼 일본 소재 기업도 공급의 90퍼센트를 한국에 의존해왔다. 그동안 국내 기업에 안정적인 납품을 위해 수천 억을 투자했지만 당장 문을 닫아야 하는 상황이다. 국내 기업이 소재 교체를 위한 작업을 단행한 만큼 양국 관계를 개선하더라도 일본 기업의 재기는 불투명하다.

한편 한국인의 반일감정이 불매운동으로 이어지고 있다. 대한민국 국민은 위기에 강하다. 일제 침략에 대항하는 독립운동과 군부 독재에 항거한 4·19혁명은 국민의 힘이었다. 국민은 IMF 위기에 헌신적으로 대응했고, 촛불로 탄핵을 이끌었다. 거트 홉스테드Geert Hofstede는 한국을 집단주의 국가collectivism country로 구분했다. 국민은 일본의 침략을 좌시하지 않고 대규모 불매운동으로 대응하고 있다. 청와대에 올라온 국민청

원 '일본 경제 제재에 대한 정부의 보복 조치를 요청합니다', 2020년 일본 도쿄올림픽 보이콧, 한일 군사정보 보호협정GSOMIA 폐기, 일본 상품 불매운동 등 대한민국 국민은 함께 항거하고 있다. 어떤 유명인은 이런 시점에 일본 여행을 다녀왔다고 손가락질을 받고 혹자는 일본 여행을 취소했다며 응원을 받기도 한다. 유니클로, 혼다, 미쓰비시, 아사히 맥주 등 주요 일본 제품 불매운동이 확산 중이다. 일본 기업은 이러한 움직임에 상당한 긴장감을 표하고 있다.

이러한 움직임이 중국을 비롯한 주요 아시아국들과 함께 초국가적인 불매운동으로 퍼지면 일본은 스스로 수출규제 조치를 철회할 수 있다. 시민단체를 중심으로 일본 제품 불매운동이 확산되고 있는데 한국뿐 아니라 과거 일본의 지배를 받았지만 여전히 과거사 문제에서 벗어나지 못한 중국과 동남아 국가로 다국적으로 불매운동이 확산될 경우, 일본은 더 큰 역풍을 맞을 수 있다. 한류 스타들이 불매운동에 적극적으로 동참하는 것도 일본경제에 상당한 압력을 줄 것이다.

'안 사기' 뿐만 아니라 '안 가기' 운동도 거세질 전망이다. 일본 관광국 JNTO에 따르면 2018년 일본을 방문한 한국인 여행객은 약 753만 9,000명으로 전체 일본 여행객 약 3,119만 명의 24.1퍼센트를 차지했다. 838만 명(26.8퍼센트)을 기록한 중국에 이어 두 번째다. 한국을 방문한 여행객 중 일본인이 약 19퍼센트를 차지하는 만큼 한국에 미칠 영향도 상당하지만, 일본 관광산업에 미칠 충격은 더 클 것이다. 한국인이 일본 여행에서 쓴 외화가 연간 수조 원에 이른다. 일본 관광국을 인용해 보도한 외신에 따르면, 한국인은 2018년에 일본을 여행하면서 약 54억 달러(약 6

조 3,552억 원)를 지출했다. 한국인이 집중적으로 분포하는 일본 여행지의 경우 식당, 편의점, 호텔 등을 중심으로 지역경제가 냉각되고 있다.

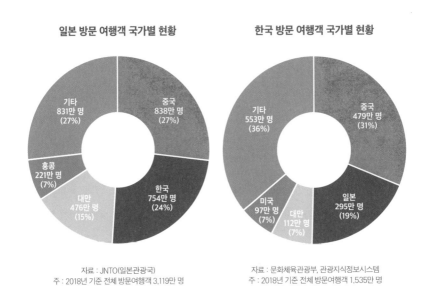

일본 방문 여행객 국가별 현황

기타
831만 명
(27%)

중국
838만 명
(27%)

홍콩
221만 명
(7%)

대만
476만 명
(15%)

한국
754만 명
(24%)

자료 : JNTO(일본관광국)
주 : 2018년 기준 전체 방문여행객 3,119만 명

한국 방문 여행객 국가별 현황

기타
553만 명
(36%)

중국
479만 명
(31%)

미국
97만 명
(7%)

대만
112만 명
(7%)

일본
295만 명
(19%)

자료 : 문화체육관광부, 관광지식정보시스템
주 : 2018년 기준 전체 방문여행객 1,535만 명

한국은 일본의 적반하장에 주반하장 전략을 마련해 산업구조를 고도화하고 경제의 체질을 개선해야 한다. 주력 산업의 핵심 소재와 부품의 국산화를 위한 투자에 집중할 필요가 있다. 기업이 산업 영역을 다각화하고 신규투자를 이끄는 대책이 요구된다. 지나친 보호무역주의가 강대국들을 중심으로 확대되는 흐름 속에 수출규제책으로 인해 큰 타격을 피해갈 수 있도록 경제적 자립도를 강화해야 한다.

단기적으로 충격을 최소화하는 대책이 필요하다. 공급사슬 상에 있는 여러 국가와 공급체제를 구축해 단기적 공급압력을 막아야 한다. 물론 반도체와 디스플레이의 3대 소재 품목은 일본 의존도가 높고 기술 수준의 차이가 있어 충분한 대체 공급라인을 구축하기 쉽지 않을 것이다. 그래도 단기적 충격을 최소화하는 대체 공급라인을 찾아야 한다. 단기적으로 피해가 갈 주요 기업에 금융, 산업, 노동 규제를 완화하고 상시 대응 체제를 가동해 중소기업이 대외충격에 대응할 수 있도록 위기 대응 시스템을 구축할 필요가 있다. 이를 위해 일본 대응 추경도 검토해볼 수 있다. 일본은 2001년과 2003년에는 추경을 한해 두 번 시행했다. 외교적 해법을 모색하는 것도 동시에 진행해야 한다. 도둑질은 사람이 없는 데서 가능한 것이다. 일본이 도둑질하는 모습을 많은 국가가 지켜보게 해야 한다. 2019년 8월 2일 열린 외교부 장관 회의에서 왕이 중국 외교부장은 "이런 문제가 생기는 것은 유감"이며 "신뢰와 선의로 문제를 해결해야 한다"고 일본 정부를 비판했다. 비비안 발라크리쉬난Vivian Balakrishnan 싱가포르 외교부 장관도 "일본은 백색국가를 줄이지 말고 늘려야" 한다며 일본의 경제 침략에 비판적 목소리를 더했다. WTO에 제소하는 일은 도둑질을 국제 사회에 알리는 지랫대 역할을 할 것이다. 일본이 반도체 등의 소재 수출 규제를 강화하면 우리나라뿐 아니라 이를 위탁 생산하거나 완제품을 만드는 미국과 중국 등 전 세계에 피해가 불가피하다. 일본이 취한 조치의 부당성을 알리는 외교적 노력은 세계적으로 복잡하게 얽힌 무역체제하에서 미국 등 주요국의 중재를 이끌어낼 수 있다.

04

디지털세,
새로운 무역전쟁의 예고

"소득이 있는 곳에 세금이 있다." 조세 부과의 기본 원칙이다. "모든 국민은 법률이 정하는 바에 의하여 납세의 의무를 진다." 대한민국 헌법 제38조는 국민의 4대 의무로 납세 의무를 명시하고 있다. 그동안 조세법률주의 원칙이 정해진 나라에서 '디지털 플랫폼에 기반을 둔 소득'에 대한 과세는 법률로 정하지 않았다. 프랑스는 최초로 '디지털 플랫폼에 기반을 둔 소득'을 법률로 명시함으로써 디지털 기업들에 조세를 부과하기 시작했다.

프랑스, 디지털세 최초 도입

2019년 7월 11일 프랑스 상원은 글로벌 IT 기업에 디지털세digital tax를 부과하는 법안을 최종적으로 통과시켰고, 7월 24일 마크롱 대통령이 이

법안에 서명했다. 프랑스가 구글, 아마존, 페이스북, 애플 등 IT 대기업에 디지털세 부과를 법제화한 것이다. 디지털세는 연간 전 세계 매출 7억 5,000만 유로 이상, 프랑스 매출 2,500만 유로를 초과한 IT 기업에 영업 매출의 3퍼센트를 과세하는 것이다. 온라인에서 이루어지는 중개 수수료, 타깃광고 및 데이터 판매에 따른 수익이 과세 대상이다. 반면 전자 상거래를 통한 상품 및 서비스 판매, 결제 서비스 및 금융 서비스는 과세대상에서 제외된다. 프랑스는 디지털세가 OECD 차원에서 관련 합의안을 마련할 때까지 한시적으로 운영한다고 언급했다.

프랑스 정부는 전통적인 기업과 IT 기업 간의 조세 형평성이 어긋난다고 지적했다. 유럽연합EU 평균 법인세율은 23.2퍼센트인데 반해 디지털 기업의 평균 법인세율은 9.5퍼센트다. 구글, 아마존, 페이스북, 애플, 마이크로소프트의 실제 매출액과 신고 매출액을 비교한 결과 현격한 차이가 있고 매출액 축소율이 최대 85퍼센트에 이른다.

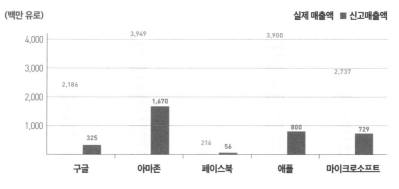

주요 IT 기업들의 프랑스 국내 매출액

(백만 유로)   실제 매출액 ■ 신고매출액

자료 : ATTAC(2019.4), "La taxe GAFA"

아날로그 경제에서 디지털 경제로

과거에 기업이 경영 활동을 하기 위해 3대 생산 요소인 노동, 토지, 자본을 투입했다면, 지금은 기술과 정보가 더 중요한 생산 요소가 되었다. 아날로그 경제에서 디지털 경제로 전환된 것이다. 다국적 기업이 해외시장에 진출하기 위해서는 '현지화 전략localization'이 중요했다. 월마트가 한국에서 성공하기 위해서는 한국 소비자들을 만족시킬 수 있는 쇼핑환경과 제품 기획 전략이 필요했다. 디지털 경제에서는 '디지털 플랫폼digital platform'을 통해 원거리의 소비자와 상품을 연결하고 데이터를 축적하면서 소비자에게 맞춤화된 서비스를 제공할 수 있다.

디지털 경제에서는 경영 활동을 위해서 자본투자capital investment가 아닌 디지털 투자digital Investment가 이루어지고, 이를 통해 실물자산physical asset이 아닌 디지털 자산digital asset이 생산, 유통, 저장된다. 유통매장이라는 물리적 자산이 아닌 디지털 플랫폼이라는 가상의 자산이 형성되는 것이다. 실제 기업 간의 경쟁도 범용화된 디지털 플랫폼을 선점하는 데 초점을 두고 있다는 점에서, 과거 소위 '목 좋은 위치'를 선점하기 위한 경쟁과는 전혀 다른 모습이 전개되고 있다.

디지털세란 무엇인가?

현재의 세법 규정에서는 경제활동을 '물리적 존재physical presence'인 '고정 사업장permanent establishment, PE'을 기준으로 과세관할권과 과세대상 소득의 범위를 결정한다. 물건을 판매하는 유통매장이 존재하고, 그 사업장이 위치한 과세관할권을 중심으로 과세하는 것이다. 이는 아날로그 경제에 적합한 과세방식이다.

디지털 경제하에서는 기존의 고정 사업장을 기준으로 과세관할권과 과세대상 소득의 범위를 판단하기 모호한 영역이 발생한다. 과세관청도 혼란이 가중되고 기업 간의 과세 형평성 문제도 생겼다. 현재 EU 권역 내 일반 기업의 법인세 평균 유효세율은 23.2퍼센트지만, 디지털 기업의 법인세 평균 유효세율은 9.5퍼센트로 전통적인 제조 기업과 비교할 때 매우 낮은 수준의 법인세율을 적용받고 있다.

디지털세는 구글세, 유튜브세, GAFA(Google, Amazon, Facebook, Apple) Tax 등으로 알려지기 시작했다. 디지털세의 공식화된 용어는 디지털 서비스세Digital Service Tax, DST로 기존의 법인세 과세 체계에서 벗어나 특정 기업이 제공하는 디지털 서비스를 제공함에 따라 창출된 매출액의 일정 비율을 법인세로 매기는 새로운 법인세 과세 체계를 일컫는다.

최신 디지털세 논의 동향

OECD와 EU가 디지털세 논의를 주도했다. OECD는 BEPS의 국제적 공동대응을 위한 'BEPS 프로젝트'를 추진했다. BEPS(Base Erosion and Profit Shifting)란 다국적 기업이 각국의 조세제도 차이와 허점을 악용하여 조세 부담을 줄이는 국제적 조세회피 행위를 의미한다. 2013년 9월에 G20 정상회의에서 공식 출범한 이후 2015년 11월에 BEPS 대응을 위한 15개 세부 과제를 확정했다. 그중 최우선 순위 과제를 디지털세로 선정했다.

BEPS 15개 세부 과제

Action	과제명	주요 내용
1	디지털 경제	디지털 거래에 대한 과세방안 마련
2	혼성 불일치 해소	국가 간 세법차이에 따라 이중 비과세되는 현상 방지
3	특정 외국법인 유보소득 과세제도 강화	해외 자회사 소득 장기 유보 방지
4	이자 비용 공제 제한	과도한 차입을 통한 과세회피 방지
5	유해조세 방지	국가간 이동성이 높은 IP 등에 대한 경쟁적 조세감면 제한
6	조약 남용 방지	조세조약 혜택 부당 취득 방지
7	고정 사업장 회피 방지	고정사업장 회피(단기계약체결 등) 방지
8-10	이전 가격 세제 강화	거래 가격 조정을 통한 소득이전 방지
11-12	통계 분석 및 강제적 보고제도	기업의 조세 회피전략에 대한 정보 확보
13	국가별 보고서	다국적기업에게 이전 가격 관련 자료 제출 의무 부여
14	효과적 분쟁 해결	조약 당사국 간 상호합의를 통한 분쟁 해결
15	다자간 협약	다자조약을 통해 양자 조세조약을 신속하게 일괄 개정

자료 : OECD

EU 차원의 디지털세 도입을 적극적으로 추진하다가 회원국 간의 합의점을 찾지 못해 2018년 무산되었다. 2019년 하반기 의장국인 핀란드를 중심으로 EU 차원의 디지털세 도입 논의가 재점화되고 있다. EU 회원국을 중심으로 디지털세 법안 마련 및 협의가 이루어지고 있으며 프랑스의 디지털세 도입이 촉매제 역할을 할 것이다.

EU 집행 위원회는 물리적 고정 사업장을 대신하여 과세 대상인 특정 기업을 판단하기 위해 중요한 디지털 요소Significant Digital Presence, SDP라는 개념을 도입했다. 다음 기준 중 하나 이상이 충족되는 경우 과세대상으로 보고 매출액의 3퍼센트를 법인세로 부과하는 방법이다. 첫째는 EU 회원국 내 디지털 서비스를 제공하는 수익이 과세기간에 7백만 유로를 초과하는 경우다. 둘째는 EU 회원국 내 활성 사용자 수(서비스 사용자 수)가 과세기간에 10만 명을 초과하는 경우다. 셋째는 EU 회원국 내 과세기간에 발생한 신규 디지털 서비스 계약이 3천 건을 초과하는 경우다.

EU 차원을 넘어서 각국은 디지털세 도입 논의를 확대하고 있다. 이탈리아는 2021년 1월 1일부터 디지털세를 발효할 예정이고, 영국 정부는 2020년 4월 발효를 목표로 디지털세 도입을 추진 중이다. 스페인의 경우 디지털세 도입안이 의회에서 부결되었으나 다시 제안될 예정이다. 그 밖에도 헝가리, 폴란드, 포르투갈 오스트리아 등의 국가가 디지털세 도입에 찬성하며 디지털세 도입 법안을 2020년 의회에 제출할 것으로 예측한다.

주요국별 디지털세 도입 동향

구분	세율	매출기준	시행일	비고
영국	2%	(全세계매출) £5억↑ (국내매출) £2,500만↑	'20.4월	– 이해관계자 의견수렴(~'19.2월) – 금년 중 법개정 추진
프랑스	최대 5%	(全세계매출) €7.5억↑ (국내매출) €2,500만↑	'19.7월	'19.7월 프랑스 상원은 디지털세 부과 법안을 최종 통과시킴
이탈리아	3%	(全세계매출) €7.5억↑ (국내매출) €2,500만↑	'21.1월	'19.1.1. 관련법 관보 게재 '19.4.30까지 시행령 제정
오스트리아	5%	(全세계매출) €7.5억↑ (국내매출) €1,000만↑	'19.7월	온라인 광고 매출액에 대해 5% 과세안 제안
EU집행위	3%	(全세계매출) €7.5억↑ (EU내매출) €5,000만↑	'20년	'18.3월 발표

자료 : KPMG, KIEP 등

2019년 7월 17~18일 개최된 G7 재무장관 회의에서 디지털세 부과의 원칙적인 찬성을 담은 성명을 발표함에 따라 향후 국제적인 차원에서 디지털세 부과 논의에 속도가 붙을 것으로 예상한다. OECD는 2018년 4월 디지털세와 관련하여 보고서를 발표하면서 디지털세의 필요성을 인정했다.[01]

OECD는 빠르게 변화하고 있는 디지털 환경을 조세체제가 반영하고 있지 못하다고 평가했다.

---

01 OECD(2018), "Tax Challenges Arising from Digitalization –Interim Report 2018."

미국의 반발과 새로운 무역전쟁의 예고

미국 무역대표부USTR는 프랑스의 디지털세 법안 통과 전날인 2019년 7월 10일에 "무역법 301조에 따라 프랑스 디지털세 조사를 시작할 것"이라고 밝히며 무역 보복을 암시했다. 미국 무역대표부는 프랑스의 디지털세 도입이 차별적인지 비합리적인지 미국 상거래에 부담을 주거나 제한을 주는지 등을 조사할 것이다. 이는 미국이 프랑스에 보복관세나 무역 제한 조치 등을 취하기 위해 명분을 만들기 위한 사전 작업이다. 미중 무역분쟁의 과정에서 미국이 환율보고서를 발표하고 중국을 환율조작국으로 지정한 조치와 크게 다르지 않다. 미국과 프랑스 간 무역 긴장이 고조함에 따라 새로운 무역전쟁이 예고된다.

트럼프 대통령은 2019년 7월 27일 자신의 트위터를 통해 "프랑스가 우리의 위대한 IT 기업들에 디지털세를 부과했다… 마크롱의 어리석음에 우리는 조만간 대규모

마크롱과 트럼프

보복 조치를 발표할 것"이라고 밝혔다. 트럼프 대통령은 "나는 항상 미국 와인이 프랑스 와인보다 낫다고 말해왔다"라고 말했고, AP통신 등 외신은 트럼프가 프랑스에 '와인세'를 부과할 계획을 암시한 것이라고 분석했다. 그동안 트럼프 대통령은 프랑스가 미국산 와인에 관세를 많이 부과하고 있다고 비판하며, 이에 조처하겠다는 입장을 여러 차례 밝힌 바 있다.

프랑스는 2018년 한 해 동안 미국에 16억 유로(약 2조 1,100억 원) 규모의 와인을 수출했다.

미국 조세재단Tax Foundation은 "결국 소비자 부담만 늘어나는 것"이라고 비판하며 아마존 프랑스가 디지털 시장을 이용하는 업체에 입점료를 올리기로 했다는 것을 근거로 제시했다. 미국은 2019년 7월에 열린 G7 재무장관, 중앙은행 총재 회담에서도 유럽의 디지털세에 강력히 반발해왔다. 미국의 압력은 프랑스를 제외한 나머지 G7 국가의 입장에 변화를 주었고 디지털세에 관한 하나의 통일된 목소리를 내기 어려워지고 있다.

우리의 대응

최근 과학기술정보통신부는 디지털세에 관한 해외 동향과 국내 적용 가능성을 적극적으로 검토하고 한국법제연구원에 연구과제 수행을 요청했다. 국회에서도 디지털세 도입을 위한 정책토론회를 개최하는 등 다양한 담론이 전개되고 있다. 아날로그 경제에서 디지털 경제로의 전환이 가속화되고 있으므로, 디지털세 도입은 상당히 보편타당하게 받아들여지고는 있으나 무역갈등으로 전개될 가능성을 우려하지 않을 수 없다. 디지털세 도입을 두고 이해관계자와 전문가들이 의견 교류가 활발히 진행해야 하고, 특히 세계 주요국들의 움직임, 글로벌 IT 기업들의 대응 및 국제사회의 논의 과정에 직접 참여하고, 한국의 의견이 반영될 수 있도록 해야 한다.

기업은 디지털세 도입으로 새로운 무역전쟁이 시작될 수 있다는 것에 유의해야 한다. 기본적으로 디지털세 도입은 두 가지 방법으로 추진되고 있다. 하나는 디지털 서비스 소비국의 과세권 강화pillar 1이고, 나머지 하나는 다국적 기업의 조세회피를 방지하기 위한 최소한의 글로벌 실효세 도입pillar 2이다. 한국도 IT 강국인 만큼 해외에 공급하는 앱, 게임, 클라우드컴퓨팅, 온라인 광고료, 구독료, 데이터 판매료, 중개용역, 소셜 미디어 플랫폼, 검색 엔진, 온라인마켓 등에 주요국들이 어떻게 주의를 기울이고 있는지 동향을 파악해야 한다. 2020년 들어 프랑스와 영국을 중심으로 여러 나라가 디지털세를 도입하면서 조세 부담이 가중될 수 있다. 또한 이것이 무역 갈등으로 확산됨에 따라 디지털 서비스 수출의 경로가 취약해질 우려도 있다. 한국은 이러한 제도적 혹은 외교적 변화에 대응할 수 있도록 해야겠다.

05

차이나 엑소더스China Exodus, '세계의 공장' 대이동

2019년 세계경세는 한마디로 '무역전쟁의 해'였다. 미중 무역분쟁은 장기전에 들어섰고, 수출규제를 중심으로 한 일본의 경제침공은 한일 무역전쟁의 서막을 알렸다. 중국에 생산 거점을 둔 기업들이 생산기지를 본국이나 그 밖의 다른 나라로 이동시키는 트렌드가 이미 진행 중이었고 이에 무역전쟁이 확대되면서 '세계의 공장'이 대이동하는 '차이나 엑소더스China Exodus'현상이 두드러지게 나타날 전망이다.

생산기지를 다른 나라로 이동시키는 오프쇼어링off-shoring이 한때의 경영 동향이었다. 노동력, 원자재 등 생산 요소의 공급이 더 원활하고 유리한 다른 나라에 생산을 위탁하는 것이다. 최근에는 생산기지를 본국으로 회귀시키는 리쇼어링re-shoring 현상이 나타나고 있다. 특히 북미자유무역협정NAFTA 폐기를 주장하고, 법인세를 큰 폭으로 인하하는 트럼프 정책은 리쇼어링을 더욱 부추겼다. 한편 다른 나라에서 또 다른 나라로 생산기지를 이동시키는 뉴쇼어링new shoring의 시대가 본격화되고 있다. 인건비가 낮거나 원자재 공급, 수출규제 정책 및 시장 접근성 등을 고려해 생산이 더 유리한 곳으로 생산기지를 이동하고 있다.

제조업 회귀 현상의 강화

해외직접투자Foreign Direct Investment, FDI는 일반적으로 외국인이 장기적인 관점에서 타국 기업에 출자하고 경영권을 확보하여 직접 경영하거나 경영에 참여하는 형태의 외국인 투자를 일컫는다. 외국의 주식, 채권 등 자본시장에 투자하는 것은 해외간접투자(혹은 해외포트폴리오투자)라고 불리는 반면, 직접 공장을 짓거나 회사의 운영에 참여하는 것을 해외직접투자라고 한다. 해외직접투자 유형은 해외 현지법인의 설립, 기존 외국 법인 자본에 참여, 부동산 취득, 지점 설치 등이다.

세계적으로 제조업을 중심으로 해외직접투자가 감소하고 있다. 해외직접투자는 2015년까지 추세적으로 증가해왔으나 이후 감소하고 있다. 해외직접투자 유입액은 2015년 2조 338억 달러 규모를 기록한 이후 급속도로 감소하면서 2018년에는 1조 2,972억 달러를 기록했다. 세계 경기가 급속히 둔화하고 보호무역주의가 팽배해지고 미국을 비롯한 주요국들이 리쇼어링 정책을 추진함에 따라 제조업 자국 회귀 현상이 두드러지게 나타났다.

유엔무역개발협의회UNCTAD의 「세계 투자 보고서World Investment

세계 해외직접투자 추이

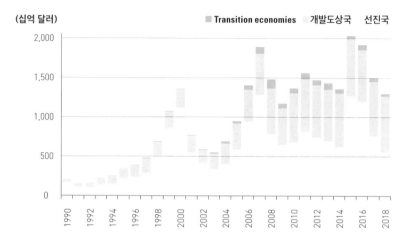

자료 : UNCTAD, FDI/MNE database

주 : Transition economies는 UN에서 분류하고 있는 기준으로, 선진국(Developed economies)과 개발도상국(Developing economies)을 제외한 나라들이고, 경제시스템이 근본적으로 상이한 시스템으로 이행되는 과정에 있는 경제권을 뜻함. 보통 사회주의 경제체제에서 시장경제로 이행하는 동유럽 및 CIS 지역들을 의미함

Report 2019」에 따르면, 외국인 투자 유치 전담조직이나 투자 진흥기관들 IPA이 세계적으로 해외직접투자가 증가하기보다는 뚜렷한 변화가 없거나 감소할 것으로 전망했다. 더욱이 해외직접투자가 증가하리라 전망하는 투자 진흥기관들의 비중은 2016년부터 감소하고 있다.

투자 진흥기관의 세계 해외직접투자 전망
(2019-2021)

각 년도별 투자 진흥기관의
세계 해외직접투자 전망

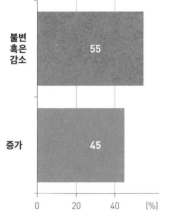

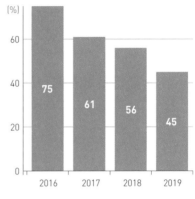

자료 : UNCTAD Investment Promotion Agencies Surveys(2016~.2019)
주1 : 본 조사는 UNCTAD가 114명의 각국 투자진흥기관들을 대상으로 조사한 것이며, 조사는 2019년 2월~4월까지 수행됨
주2 : 각 년도별 투자진흥기관의 세계 해외직접투자 전망치는 각 투자진흥기관들이
해외직접투자가 증가할 것이라고 판단한 응답의 비중을 가리킴

차이나 엑소더스의 본격화

중국을 상징했던 '세계의 공장'이라는 표현은 이제는 어울리지 않는다. 세계적으로 '탈중국' 추세가 가속화되고 있기 때문이다. 그동안 세계 주요 글로벌 기업이 주로 노동 집약적인 산업을 중심으로 저렴하고 풍부한 노동력을 보유한 중국을 생산기지로 삼았다. 중국의 노동력은 아시아 주요 국들과 비교해 경쟁력을 잃어 갔고, 베트남을 비롯한 주요 아시아 국가는 생산 및 물류 인프라를 안정화하기 위해 노력했다. 뿐만 아니라 글로벌 기

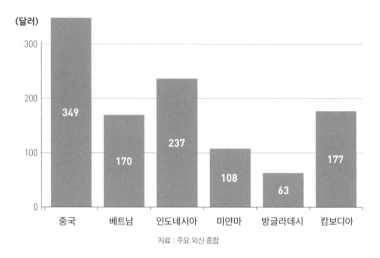

국가별 최저임금(월) 현황(2018년 기준)

(달러)

자료 : 주요 외신 종합

업의 생산과정에서 노동이라는 생산요소보다 기술과 정보라는 생산 요
소가 더욱 중요해졌다.

　미중 무역분쟁이 장기화하면서 중국의 생산기지는 더욱 빠르게 이동
했다. 세계 1, 3위 컴퓨터 제조업체인 HP와 델은 중국(충칭) 내 노트북 생
산량을 30퍼센트 줄이겠다고 발표했다. 마이크로소프트, 아마존, 소니, 닌
텐도 등과 같은 다국적 기업들이 이미 중국 생산설비를 다른 나라로 이
전했다. 구글도 컴퓨터의 핵심부품인 머더보드의 생산기지를 대만으로 이
동시켰고, 애플의 협력 회사인 폭스콘은 인도 공장의 생산능력 확대를 위
해 대규모 투자를 진행할 계획이다.

　일본의 무쓰미 공업은 2019년 초 미얀마 밍글라 그룹과 합작해 미얀
마에 공장을 설립했다. 무쓰미 공업은 자동차 부품이나 플라스틱 제품을

주로 생산하는 기업으로, 미얀마 공장이 완공되는 대로 중국 내 생산 비중을 축소할 계획이다. 일본 엡손은 중국 내 인건비 상승과 환경 규제 강화 등으로 대규모 감원을 단행했고 2021년 3월에 선전의 손목시계 공장을 폐쇄하기로 결정했다.

해외직접투자 지표는 생산기지의 이동을 보여주는 대표적인 거시지표 중 하나다. 생산기지가 아시아 주변국으로 이동하고 있다. 세계적으로 해외직접투자가 감소하는 가운데 유독 아시아로 향하는 해외직접투자는 지속적으로 증가해왔다. 아시아 해외직접투자 유입액 중 중국의 비중이 하락하는 모습이 뚜렷하게 전개되고 있다.

아시아 해외직접투자 추이 및 전망

자료 : UNCTAD, FDI/MNE database
주 : 2019년은 UNCTAD가 제시한 아시아 해외직접투자 규모를 반영해 추계함

한국 기업의 생산 거점은?

삼성전자는 2018년 5월 선전의 통신장비 공장을 철수했고 같은 해 12월 톈진 휴대전화 공장을 철수했다. 현대자동차도 2019년 5월에 베이징 1공장 가동을 중단하고 시설 활용 방안을 논의 중이다. 롯데그룹도 중국 내 제과 및 음료 공장 6곳 중 일부 매각을 검토 중이다. 주요 유통사도 현지 매장을 철수하거나 매각을 진행하는 추세다. 2020년에도 미중 무역분쟁이 장기화할 것을 우려하는 기업이 중국의 현지공장을 베트남, 인도, 미얀마 등으로 이전하는 현상이 두드러질 것이다.

주요 한국기업 중국 사업 구조조정 내용

기업	내용	시점
신세계	이마트 현지 매장 철수	2017년
삼성전자	선전 통신장비 공장 철수	2018년 5월
	텐진 휴대전화 공장 철수	2018년 12월
CJ푸드빌	빕스 베이징 1호점 철수	2019년 3월
롯데	롯데마트 철수	2017년
	텐진 롯데백화점 매각	2019년 3월
	제과·음료 공장 6곳 중 가동률이 떨어진 공장 매각 검토	2019년 7월
현대자동차	베이징 1공장 가동 중단	2019년 5월

자료 : 한국무역협회

한국의 주요 기업이 중국에서 철수하는 현상은 거시경제지표로 확인할 수 있다. 한국의 해외 신규법인 설립 개수는 2009년 이래로 뚜렷하게 증가하고 있다. 한국의 해외 신규법인 설립개수는 2009년 2,672개에서

2018년 3,540개로 확대되고 있지만 중국 신규법인 설립개수는 감소하는 경향이 강하다. 한국의 전체 해외 신규법인 개수 중 중국이 차지하는 비중은 한때 60퍼센트 수준에 이르렀으나 2019년 3월 말 기준으로 12.4퍼센트에 그쳤다.

한국의 해외직접투자(신규법인) 추이

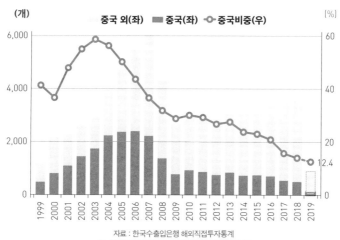

자료 : 한국수출입은행 해외직접투자통계
주 : 2019년은 3월 말까지의 투자실적을 기준으로 함

글로벌 공급사슬 전략과 유턴 기업 지원 정책

글로벌 공급사슬global supply chain 전략은 보호무역주의가 팽배해지고, 주요 강대국들을 중심으로 보호무역 조치를 강화해나가는 과정에서 매우 중대하다. 관세 인상 및 수출규제 조치는 노동력보다 원료 및 기술의

공급이 더 중요해지고 있음을 보여준다. 미중 무역분쟁과 한일 무역전쟁이 장기화되고 격화되는 과정에서 생산기지를 어디에 두는가는 기업의 가장 중대한 사안이 될 것이다.

이제 중국 외에 안정적이고 풍부한 노동력을 공급받을 수 있는 생산기지를 더욱 적극적으로 검토할 시점이다. 생산설비, 규제, 기술 교류, 물류 인프라 등의 경영 여건을 충분히 고려해 생산기지를 다변화하는 노력이 필요하다. 특히 일본의 경제 침략이 한국의 여러 주력 산업으로 확대할 가능성이 큰 점에서 소재와 부품의 안정적인 공급을 유지하는 정책을 마련해야 한다. 베트남, 인도, 미얀마 등 신흥국 해외직접투자를 지원하고 기술 협력의 기회를 확대하며 정책 실무진과 기업 간의 교류가 활발히 일어날 수 있도록 이벤트를 개최해야 한다.

실효성 있는 유턴 기업 지원 정책 역시 중요하다. 정부는 유턴 기업 유치 활성화를 적극적으로 추진하고 '해외진출 기업의 국내 복귀 지원에 관한 법' 개정을 진행해 투자 분위기를 확산할 방침이다. 반도체를 비롯한 주력 산업 내 주요 생산장비 및 소재를 국산화하는 노력이 절대적으로 필요한 상황에서 매우 시의적절한 정책이다. 다만 기업이 국내 복귀를 단행할 만한 큰 유인 요인이 없다는 점에서 실효성을 높여야 하는 과제가 남아있다. 기업의 요구를 적극적으로 청취하고 실질적인 이익을 줄 수 있도록 노력해야 한다. 기업은 수지 타산을 따져보고 생산기지를 국내로 복귀할 것인지를 결정하겠지만, 국가 미래 전략산업의 경우에는 기업의 사회적 책임Corporate Social Responsibility, CSR이나 공유 가치창출Created Shared Value, CSV 모델을 강조하며 상호협력을 끌어내는 지혜가 필요하다.

06

반등 신흥국
Rebounding Emerging

공을 떨어뜨리면 튀어 오른다. 공을 강하게 떨어뜨리면 강하게 튀어 오른다. 2018년 취약 신흥국fragile 5이 큰 이슈였다면 2019년 하반기부터는 유망 신흥국의 반등Rebounding Emerging이 이루어질 것이다. 미중 무역분쟁, 한일 무역전쟁, 디지털세, 홍콩시위, 브렉시트 등 위협적인 이슈가 산적한 상황에서 긍정적인 대외 이슈는 상대적으로 주목을 받지 못하고 있다. 경제 주체는 반등 신흥국에 관심을 가질 필요가 있다.

2019년, 신흥국의 저점 형성 구간

2018~2019년 상반기는 신흥국발 위기 가능성이 점등한 시기이다. 세계경제의 불확실성을 증폭시키는 주요인은 위기 신흥국이었다. 아르헨티나

가 IMF에서 구제금융을 받고 터키를 비롯한 인도네시아, 브라질, 남아프리카공화국, 중국 등 신흥국의 통화가치가 급락했다. 신흥국의 주가가 급락하고 자본 유출로 세계경제에 연쇄적인 영향을 줄 거라는 우려가 컸다.

당시 신흥국 위기의 주요 배경 중 하나가 미국의 '독불장군식' 기준금리 인상이었다. 미국은 기준금리 인상을 가속했다. 2015년 이후 미국 경제가 뚜렷한 회복세를 보이자 미국은 통화량을 축소하고 기준금리를 인상했다. 미국은 2015년 12월, 2016년 12월 각 한차례 기준금리를 인상하고, 2017년에는 세 차례, 2018년 한 해 동안에는 네 차례 인상했다. 미국은 통화정책을 정상화했지만 신흥국은 기준금리 인상 준비가 미비하다.

미국이 2019년 상반기까지 기준금리를 인상하는 동안 달러 가치는 상승하고 상대적으로 신흥국 통화가치가 하락했다. MSCI 신흥국 지수는 2018년 1월 1,725.91p의 고점을 기록한 이후 급격하게 하락했다. 상대적

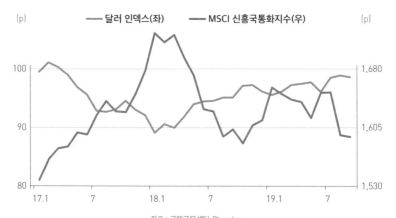

미국과 신흥국의 통화가치 추이

자료 : 국제금융센터, Bloomberg
주1 : 각 월별 종가 기준이며, 2019년 9월은 4일(한국시간) 기준임
주2 : MSCI(Morgan Stanley Capital International)는 세계 주가 지수를 작성해서 발표하는 기관임

으로 달러 가치는 지속적으로 상승했다.

달러와 신흥국의 통화가치는 점차 벌어지면서 신흥국의 자금이 유출되기 시작했다. 터키 리라화, 러시아 루블화 등의 통화가치가 급락하고, 수출 축소로 외화 보유액이 줄어들고, 국제유가 상승에 따라 부담이 중첩한 나라는 더 큰 충격을 받았다. 신흥국발 세계경제 위기 가능성이 고조되자 다른 신흥국에 투자한 자금을 회수해 안전자산으로 옮기는 현상이 두드러지게 나타났다. 신흥국 주가를 보여주는 MSCI 신흥국 지수는 2018년 1월 1,254.6p를 기록한 이후 급격한 하락을 보였다.

신흥국 주가는 기술적 분석technological analysis으로 2018년 하반기 저점을 형성하는 모습을 보였다. 미국을 비롯한 선진국의 주가는 상대적으로 완만히 등락하는 반면, 신흥국 주가는 변동 폭이 크게 움직이는 특징에 주목하자. 앞으로 신흥국의 반등세가 가파르게 나타날 가능성이 크다.

미국과 신흥국의 주가 추이

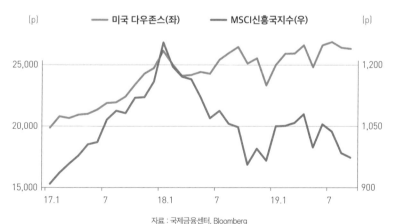

자료 : 국제금융센터, Bloomberg
주1 : 각 월별 종가 기준이며, 2019년 9월은 4일(한국시간) 기준임
주2 : MSCI(Morgan Stanley Capital International)는 세계 주가 지수를 작성해서 발표하는 기관임

2020년 신흥국과 선진국의 탈동조화

미국은 2019년 하반기부터 기준금리를 인하하는 방향으로 선회했다. 미국뿐 아니라 유로존이나 일본 등 선진국은 완화적 통화정책으로 기조를 전환했다. 한국도 2019년 7월 기준금리를 인하하며 완화적 통화정책 기조로 전환했다. 신흥국에 부담이 된 선진국의 긴축적 통화정책이라는 강력한 압박이 사라지고 상당한 경제 운용의 기회가 생긴 것이다. 신흥국도 통화정책을 완화적으로 운용할 여지가 생겼고 실제 인도, 인도네시아, 필리핀, 태국 등의 신흥국이 기준금리를 인하했다.

세계은행World Bank은 세계경제가 2019년에 저점을 형성하고, 2020년과 2021년에 반등할 것으로 전망했다. 흥미롭게도 세계경제 성장률은 반등하지만, 선진국과 신흥국은 다른 기조를 보일 것으로 예상한다. 즉 선진국은 2019년 이후 경제성장률이 지속적으로 둔화하고 신흥국은 반등할 것이다. 이러한 관점은 IMF나 주요 경제 기구가 맥을 같이 한다.

2020년 미국, 유럽, 일본 등 주요 선진국의 경제가 2019년보다 훨씬 좋지 않을 것이다. 신흥국의 경제성장률은 대체로 2019년 이후 뚜렷한 반등세를 보일 것이다.

2020~2021년 선진국 경제는 침체 국면에 있지만 신흥국은 회복 국면에 있을 것이다. 한국은 신흥국 중 어느 권역, 어느 국가가 특히 유망한지를 들여다봐야 한다. 신흥국은 2019년 이후 전반적으로 반등하는 모습이지만 경제성장률의 자체로 보면, 동아시아 태평양 지역과 남아시아 신흥국의 성장률이 두드러지게 높다. 다른 권역은 3퍼센트 수준의 성장세이

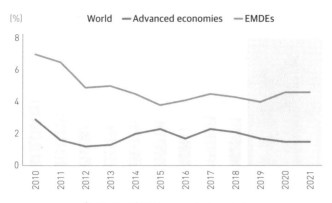

세계경제성장률 전망

World —Advanced economies —EMDEs

자료 : World Bank(2019.6) Global Economic Prospects
주 : EMDEs(Emerging Market and Developing Economies)는 신흥개도국을 의미

지만 아시아 신흥국은 6퍼센트대의 성장세를 보인다는 점에서, 2020년대를 이끌어갈 주력 신흥국이 아시아에 집중적으로 분포해 있다.

2020년대를 이끌어갈 아시아 신흥국

중장기적으로 '세계의 공장'이 중국에서 아시아 신흥국으로 이동하고 있다. 미중 무역분쟁이 장기화하는 과정에서 차이나 엑소더스 현상은 더욱두드러질 것이다. 한일 무역전쟁의 영향으로 국내 많은 제조 기업이 일본의 수출규제 충격에서 벗어나기 위해 주변 신흥국으로 제조 기지를 이동하고 있다. 해외직접투자도 아시아 신흥국에 집중되는 모습이다. 또한 홍콩 시위 문제가 홍콩과 중국 경제에 직접적인 충격을 주어 홍콩이 점유

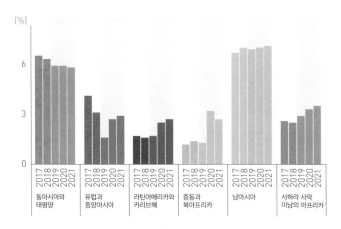

주요 권역별 경제성장률 전망치

자료 : World Bank(2019.6) Global Economic Prospects

하던 금융중심지 등의 역할이 주변 신흥국으로 분산될 것이다.

세계 주요 해외투자 은행은 인도, 인도네시아, 필리핀, 베트남 등의 성장세에 주목한다. 해외투자 은행은 2020년 경제성장률을 인도 7.0퍼센트, 인도네시아 5.2퍼센트, 필리핀 6.2퍼센트, 베트남 6.7퍼센트로 전망했다(2019년 8월 말 기준). 필자는 2019년 1월에 '오마이스쿨' 유료 온라인 강연을 통해 베트남, 인도, 필리핀을 VIP(Vietnam, India, the Philippines)로 꼽으며 유망 투자 대상국이라 강조했다. 그 밖에 미얀마, 캄보디아, 태국, 라오스 등의 신흥국도 유망한 투자 대상임을 다양한 강연과 칼럼을 통해 설명했다. 미얀마, 라오스, 캄보디아 등의 국가도 경제성장률이 7퍼센트 수준을 지속하고 있다. 이들 국가는 에너지, 통신, 교통, 물류 인프라를 고도화하기 위해 집중적인 투자를 진행하고, 값싼 노동력과 풍부한 자원을 바탕으로 생산 기지의 토대를 마련하고 있다.

아시아 신흥국에서 기회를 찾아라

한국 기업은 유망 신흥국을 탐색하고 시장진출 전략을 마련해야 한다. 주요 신흥국이 급격히 부상하고 있지만 한국 제품의 시장 점유율이 미진한 경우가 많다. 예를 들면 인도네시아, 캄보디아, 라오스, 필리핀 등의 국가의 조출생률Crude Birth Rate은 한국의 2배 이상으로 장난감 시장이 급속도로 성장하고 있다. 그런데도 현지 장난감 시장 상위 15위 기업 중에 한국 기업은 하나도 없다. 한국 기업은 부상하는 신흥국의 시장 진출 타당성을 검토하고 현지에 적합한 제품 및 서비스를 개발해 시장을 확보해나가야 한다. 현재의 시장 규모는 작지만 높은 성장세를 고려해 미래 지향적 진출 전략을 마련해야 한다.

　기업의 공급사슬 다변화 전략도 필요하다. 한일 무역전쟁의 경과 속에서 안정적인 소재 및 부품 공급구조를 갖추기 위해 적절한 위치로 생산기지를 이동하는 전략이 필요한 시점이다. 제조 공정이 한국에 있지 않다면 일본의 수출규제 효과가 무색해지기 때문이다. 생산기지뿐만 아니라 일본에 의존해왔던 핵심 물품의 공급기지를 아시아 신흥국으로 이동해나가는 노력도 필요하다. 기업의 아시아 신흥국 해외직접투자를 통해 공급 기지를 다변화하여 특정 국가의 공급 차단에도 흔들리지 않는 공급 구조를 구축해야 한다.

정부는 기업에 선제적 지침을 주는 안내자 임무를 수행해야 한다. 2019년부터 동남아시아국가연합ASEAN이 신남방 시장 진출 기업을 지원하고 수출 시장을 다각화하는 데 예산을 확보하고 있다. 대한무역투자진흥공사KOTRA나 한국무역협회 등은 유망 신흥국에 대한 시장 분석자료를 지속적으로 제공하고 있다. 중소기업이 이러한 지원을 적극적으로 활용할 수 있도록 정부의 맞춤화된 컨설팅과 현지 지출 지원이 필요하다.

한국 기업은 유망 신흥국 투자를 고려할 수 있다. 투자기관은 시중에 다양한 신흥국 투자 상품들을 제공하고 있다. 신흥국 투자를 진행할 수 있는 상장지수펀드ETF, 주가연계증권ELS 등의 투자 상품도 고려할 만하다. 지속적으로 신흥국의 경제 환경이 어떻게 조성되고, 어떤 산업과 비즈니스가 유망한지 모니터링하는 것은 투자자의 중대한 의무이다.

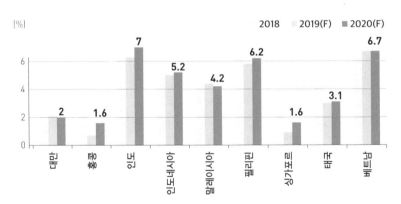

아시아 주요국 경제성장률 전망

자료 : 국제금융센터, 주요 9개 해외투자은행(Barclays, BoA-ML, Citi, Credit Suisse, GS, JPM, HSBC, Nomura, UBS) 전망을 집계
주 : 2019년 8월말 기준

2 부

2020년
한국경제의
주요 이슈

2020

01

소득주도성장
계속될까?

앞으로 어떻게 전개될지 모를 문재인 정부의 핵심 경제 정책은 소득주도성장론Income-led growth이다. 이것은 가계의 임금과 소득을 늘리면 소비가 진작되고 경제를 선순환시킨다는 이론으로 포스트케인지언Post-Keynesian이 주장한 임금주도성장론Wage-led growth을 바탕으로 한다.

소득주도성장론이 기업에도 많은 서민에게도 회의적 평가를 받은 이유는 결과가 좋지 못했기 때문이다. 문재인 대통령이 대선 공약을 통해 밝힌 의도는 혜성처럼 찬란했으나 급진적 실행으로 나라에 소용돌이를 일으켰다. 소득 수준별로 하위 20퍼센트에 해당하는 저소득층 1분위 가구와 상위 20퍼센트에 속하는 고소득층 5분위 가구 간의 소득 격차는 2018년 이후 줄곧 확대되었다. 고소득층 가구의 소득 증가 속도를 저소득층 가구가 지속적으로 밑돌고 소득 격차는 더욱 벌어졌다. 2018년 4분기에 5분위 가구는 소득이 10.4퍼센트 증가했지만 1분위 가구는 -17.7

퍼센트로 역대 최저 수준으로 감소했다. 2019년 2분기에도 5분위 가구의 소득이 3.2퍼센트 증가하는 동안 1분위 가구의 소득은 0.0퍼센트로 제자리에 머물렀다. 2019년 2분기 1분위 가구의 월평균 소득은 약 132만 5,500원이고, 5분위 가구는 약 942만 6,000원을 기록했다.

가구당 월평균 소득 증감률 추이

자료 : 통계청, 가계동향조사
주 : 명목소득(2인 이상 가구) 기준

대표적인 분배 지표인 '균등화 처분가능소득 5분위 배율'은 2018~2019년 동안 사상 최고 수준을 보였다. 균등화 처분가능소득 5분위 배율은 상위 20퍼센트 고소득층의 평균소득이 하위 20퍼센트 저소득층의 평균소득의 몇 배 수준인지를 계산한 지표다. 이 값이 최고 수준이라는 것은 곧 양극화가 심화했다는 의미다. 2분기 기준 균등화 처분가능소득 5분위 배율은 2019년 들어 5.30배로 역대 최고 수준을 기록했다. 이 값은 2019년 1분기 들어서 4년 만에 처음 하락했지만 2018년을 제외하면 가장 높은 수준이다. 특히 취약계층과 저소득층 지원 정책의 효과를 고려하면 뚜렷한 개선세가 나타났다고 보기도 어려운 상황이다.

균등화 처분가능소득 5분위 배율

자료 : 통계청, 가계 동향조사
주1 : 균등화 처분가능소득 5분위 배율 = 상위 20%(5분위) / 하위 20%(1분위)
주2 : 명목소득(2인 이상 가구) 기준, 각 년도 1분기와 2분기 기준

2020년 최저임금 인상하는가?

"2020년까지 최저임금 1만 원을 이룬다는 목표는 사실상 어려워졌습니다. 결과적으로 대선공약을 지키지 못한 것을 사과드립니다." 2018년 7월 16일 문재인 대통령의 발표 내용이다.

　문 대통령이 2017년 후보 시절 대선 공약집을 통해 국민에게 약속한 제1공약은 '일자리를 책임지는 대한민국'이었다. 제1공약을 이행하기 위한 6가지 방법 중 하나는 2020년까지 최저임금을 1만 원으로 인상하겠다는 것이었다. 소득재분배를 실현하고 소득 양극화 문제를 해소하는 데 필요한 정책 기조였다. 국민은 투표를 통해 정책에 '찬성'을 표했다.

2017년 최저임금은 6,470원으로 2020년까지 1만 원의 공약을 이행하기 위해서는 연평균 15.62퍼센트의 인상률을 유지해야만 한다. 그러나 2000년대 15퍼센트 이상의 인상률을 기록한 해는 2001년(16.6퍼센트)뿐이었고, 2010년대 들어서는 2.8~8.1퍼센트 수준에 머물렀다. 15퍼센트 이상의 최저임금 인상 속도는 상당히 도전적인 목표다.

2018년에는 공약 달성을 위해 16.4퍼센트 최저임금 인상을 이행했으나 인상 여건의 어려움을 인정하면서 2019년 최저임금 인상률을 10.9퍼센트로 낮춰 잡았다. 2019년 최저임금이 8,350원으로 결정된 상황에서는 2020년 인상률을 19.76퍼센트로 결정해야 공약 이행이 가능하므로 사실상 공약 이행이 불가능해진 것이다.

최저임금 공약 달성 시나리오와 실제 최저임금 인상 속도 비교

■ 공약 달성 시나리오(연평균15.62%인상)
■ 실제 인상률(2018년16.4%, 2019년10.9%, 2020년2.9%인상)

자료 : 최저임금인상위원회 통계에 기초한 추산

문 대통령은 "최저임금의 인상 속도가 기계적 목표일 수는 없으며 정부의 의지만으로 할 수 있는 일이라고 생각하지 않는다"라고 밝혔다. 정부는 인건비 급등으로 소상공인과 중소기업의 일자리가 줄어드는 부작용을 고려해 최저임금 인상의 속도를 조절했다. 2020년까지 1만 원의 최저임금 인상 목표를 우리 경제가 감당해내기 어렵다고 판단한 것이다. 정부는 2020년 최저임금을 전년 대비 2.9퍼센트 증액한 8,590원으로 결정했다.

좋은 공약과 좋은 공약 불이행

공약 이행은 반드시 시켜야 할 국민과의 약속이나. 약속을 지키기 어려운 상황에서 대통령의 진중한 사과가 필요하다. 그 약속을 믿고 대통령을 선택했기 때문이다. 현재 경제적 여건에서는 '공약 불이행과 사과'가 최선의 의사결정이라고 생각한다. 철저하게 경제적 여건만을 고려했을 때 그렇다는 것이다.

최저임금 인상 속도에 관한 경제적 고찰이 필요하다. 임금은 노동력의 교환가치고 가격은 상품의 교환가치이다. 성능과 품질이 동일한 상품이 과도하게 비싸면 소비자는 구매하지 않는다. 노동력 한 단위의 생산량이 향상되지 않은 상황에서 임금만 오르면 기업은 노동력을 감당하기 어렵다.

거시경제를 고려할 때, 경제의 성장 속도가 둔화하고 저물가 기조가 지속하는 상황에서 2018년 16.4퍼센트의 최저임금 인상 속도는 상당히 높았다. 경제 규모가 빠르게 확대되는 과정에서 높은 최저임금 인상 속도는 상대적으로 부담이 덜할 수 있다. 소비자물가를 고려했을 때도 상품 가치의 뚜렷한 상승세를 전제했다면, 최저임금 인상 속도가 과하지 않았을 것이다.

최저임금 1만 원이라는 '좋은 공약'은 언제나 좋은 것이 아니라 '좋은 여건'이 전제되었을 때 좋은 것이다. 좋은 공약이었지만 지금의 경제적 여건에서는 공약 불이행이 적절한 선택이다.

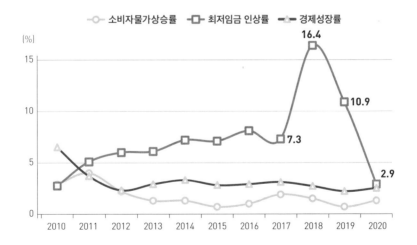

최저임금 인상률과 주요 거시지표와의 비교

자료 : 최저임금인상위원회, 통계청, 한국은행
주 : 2019~2020년 소비자물가상승률 및 경제성장률(실질)은 2019년 7월 기준 한국은행 전망치임

최저임금 인상을 놓고 벌이는 갑론을박

사실 최저임금에 관한 논의는 언제나 뜨거웠다. 근로자는 소득을 극대화해야 하고, 사용자는 비용을 최소화해야 하는 싸움의 연속이다. 근로자에게 임금은 소득이자 자신의 가치이고, 사용자(기업)에게는 비용이다.

높은 최저임금 인상에 찬성하는 입장을 보자. 그들은 첫째, 최저임금 수급자들은 생계 여건이 개선되어야 하므로 절대적으로 찬성한다. 정부가 추산한 최저임금 안의 영향을 받는 약 290만 ~501만 명에 달하는 근로자들은 2019년 월 임금이 174만 5,150원으로 전년 대비 17만 1,380원 올랐다(주 40시간 기준 유급 주휴 포함, 월 209시간 기준). 편의점에서 시간제로 일하는 청년에게는 상당한 수준으로 생계 여건의 개선을 의미한다. 둘째, 최저임금 수급자들을 포함한 대부분 임금 근로자도 최저임금 인상에 찬성한다. 2011년 이후 최저임금 인상률이 협약임금 인상률을 지속적으로 초과하고 있지만 2018년 최고의 최저임금 인상률을 기록한 해에 협약임금 인상률도 가파르게 올랐다. 최저임금의 직접적인 대상이 아니더라도 임금협상 과정에서 최저임금 인상률이 중요한 잣대가 되기 때문이다.

높은 최저임금 인상을 반박하는 입장도 상당하다. 사용자(기업)에게는 최저임금 인상은 비용 증가를 의미한다. 특히 중소기업이나 자영업체의 경우 최저임금 인상 시 비용이 증대하고 이는 경영 여건이 악화한다. 임대료와 부대 비용으로 그렇지 않아도 어려운데 높은 최저임금의 인상은 상당한 부담이다.

한편 일자리 자체를 잃은 실업자는 최저임금의 기회마저 상실한다.

최저임금 인상률과 협약임금 인상률의 비교

자료 : 최저임금인상위원회, 통계청 『임금결정현황조사』
주1 : 통계청 『임금결정현황조사』는 100인 이상 사업장을 전수조사하여 협약임금인상률을 발표함
주2 : 2019년과 2020년 협약임금인상률은 전망치임

기업에는 통상적으로 인건비 계정이 있다. 기업의 목적은 이윤 추구에 있고 이윤은 매출에서 비용을 차감한 것이다. 매출액 증대를 기대할 수 없는 여건에서 기업은 인건비를 늘리기 어렵다. 결국 임금이 오를 때 기업이 택하는 행동은 일자리를 줄이는 것이다. 정부의 판단도 '고용 없는 경제'를 더 의식한 것이다. 실제로 2018년 취업자 증가 규모는 약 9만 7,000명으로 근래 가장 저조했고 2019년 들어 취업자가 증가하는 것 같으나 실업자도 함께 늘어나는 모습이어서 고용시장이 회복되었다고는 판단하기 어렵다.

근로조건과 일자리 규모는 두 마리 토끼다. 경제가 건실하게 성장하

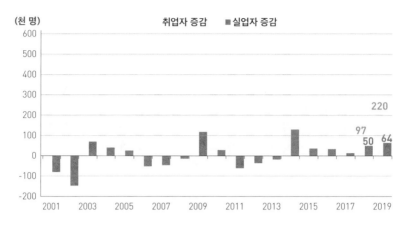

취업자 및 실업자 증감 추이

(천 명)　　　　　　　　■ 취업자 증감　　■ 실업자 증감

자료 : 통계청, 경제활동인구조사
주 : 2019년은 1분기 기준임

는 시점에는 근로조건을 개선하면서 일자리 규모도 늘릴 수 있다. 그러나 경제가 위축되는 시점에서는 두 마리 토끼를 잡기 어렵다. 기업 자체도 어려운데 임금을 올리면서 어떻게 일자리를 늘릴 수 있겠는가? 이때는 최저임금 인상이 목표가 아니라 소득 양극화 해소를 목표로 해야 한다. 경제적 여건을 배제한 최저임금의 높은 인상 폭은 일자리를 잃는 '무 소득층'을 양산할 수 있고 소득 양극화가 악화할 수 있다. 그런 의미에서 현 정부의 선택은 경제적 여건을 고려한 '좋은 공약 불이행'으로 평가된다.

소득주도성장 정책의 기조 변화와 대응

한국경제가 안고 있는 위기감을 모두 정책의 탓으로 돌리는 것은 적절치 않다. 대외적인 불확실성도 매우 크고 산업 구조조정이나 인구의 구조적 변화 등 불안 요인도 상당하다. 다양한 요인이 한국경제에 중첩적으로 작용하면서 현재 상황이 초래된 것임을 간과하면 안 된다. 물론 그러한 여건에 놓인 경제 주체들에게 더 큰 부담을 준 정책 기조도 시의성이 맞지는 않았다고 판단한다.

2019년 5월 최저임금위원회의 구성에 큰 변화가 일었다. 최저임금위원회는 공익위원 9명, 근로자 위원 9명, 사용자 위원 9명이 전체 구성원이다. 기존 최저임금위원회의 공익위원 구성이 진보 성향과 문재인 캠프 출신을 중심이었다면, 보수 성향과 기타 중립적 위치에 있는 전문가들로 구성원이 바뀌었다. 이러한 변화는 최저임금 인상 속도의 조절을 의미한다.

최저임금위원회 공익위원 변화

10대	11대
진보 성향 6명	진보 성향 2명
	문재인캠프 1명
	보수 성향 2명
문재인캠프 2명	기타 2명

자료 : 고용노동부

어려운 고용 여건을 극복하는 지혜가 필요하다. 무엇보다 정부의 고용 친화적인 정책을 적극적으로 활용해야 한다. 내일채움 공제나 청년 추가고용 장려금 등 중소기업의 근로조건 개선 정책을 활용해야 한다. 또한 자영업자들이 임금 인상에 따른 타격을 받지 않도록 상가 임대차 보호와 카드 수수료 제도 개선 등의 보완 대책에도 관심을 두어야 한다. 어려운 고용 여건에 대한 중장기적인 대응으로 키오스크kiosk 도입, 디지털 트랜스포메이션에 적극적으로 투자할 필요가 있다.

소득을 증대시키는 것은 기업이 양질의 일자리를 창출했을 때 가능하다. 최근 추진하고 있는 규제 완화정책과 유턴기업 지원 정책과 같은 실효성 있는 정책을 추가로 마련함으로써 기업이 유망한 신산업을 발굴하고 적극적으로 투자에 가담할 수 있도록 유도해야 한다. 고용정책은 고용에 있지 않다. 투자에 있다. 투자 환경 개선에 초점을 둬야 한다.

02

제조업의 위기
Manufacturing Crisis

한국경제의 허리라 불리던 제조업이 위기에 처했다. 반도체, 전자제품, 자동차, 조선, 철강 등 한국의 주력 수출 품목은 한국 제조업 성장의 결과물이다. 제조업이 위기에 처하면서 복잡하게 얽힌 공급사슬 구조 아래 공급업체는 제1의 구조조정 대상이 되었다. 중소 공장이 문을 닫으면서 인근 식당, 커피숍, 편의점 등의 자영업체는 제2의 구조조정 대상이 되었다. 제조업 구조조정이 본격화된 지역은 자영업체가 연달아 문을 닫고 결국 지역경제가 침체 상태에 빠졌다.

제조업 일자리가 사라진다

제조업 취업자가 감소하고 있다. 제조업 취업자 규모는 2016년 약 458

만 명에서 해를 거듭하며 지속적으로 감소해 2019년 현재 약 442만 명을 기록하고 있다. 전체 취업자 중에서 제조업 취업자가 차지하는 비중도 2015년 17.6퍼센트에서 2019년 16.4퍼센트로 하락했다.

제조업 취업자가 감소하는 현상은 다양한 요인이 복합적으로 작용하며 나타난 것이다. 생산기지와 공급망을 중국, 베트남 등으로 보내거나 기존 주력 제조업들이 경쟁력을 잃고 구조조정 되는 등의 산업적 요인이 지배적이다. 디지털 기술을 적용함에 따라 생산 인력을 대체하는 공장 자동화 및 스마트 팩토리화가 진행되는 기술 요인도 중대한 영향을 미쳤다. 미중 무역분쟁이 장기화하고 불확실성이 고조되면서 기업의 설비 투자가 크게 위축되는 등 경기적 요인도 작용했다. 최저임금인상 속도를 가속화하거나 주 52시간 근무제를 도입하는 등 기업의 고용 부담을 가중한 정책도 한몫을 거들었다.

제조업 취업자 및 제조업 비중 추이

자료: 통계청, 경제활동인구조사
주1 : 제조업 비중은 전체 취업자에서 제조업 취업자가 차지하는 비중을 가리킴

제조업의 경제적 위상이 흔들리다

한국의 주력 제조업이라고 불리는 자동차, 조선, 철강, 기계, 석유화학, 반도체, 통신기기 등의 산업은 최근 일시적으로 성장세가 둔화한 것이 아니다. 이미 2000년대 들어 주력 제조업에 경고등이 들어왔고 2008년 금융위기 이후 '장기적이고 현저한' 둔화세가 나타났다.

제조업의 GDP 성장 기여도는 글로벌 금융위기 전 2000년대에는 약 2퍼센트대를 유지했으나 이후 2010년대에는 1퍼센트대로 주저앉았다. 과거 제조업이 한국경제 성장을 견인했다면, 최근에는 한국경제의 성장세를 지연시키고 있다.

제조업의 GDP 성장 기여도 추이

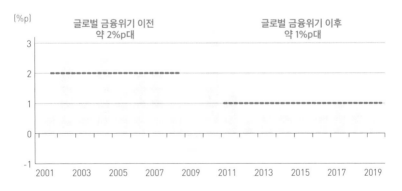

자료 : 한국은행, 국민계정
주1 : 2019년은 2분기까지의 평균값임
주2 : 원계열 실질 GDP 기준임

공장은 멈추고 재고는 쌓이고

공장은 가동되지 않은 채 재고만 쌓여간다. 한국 제조업 평균가동률은
2011년 이후로 빠르게 하락하는 반면, 재고율은 상승세를 지속하고 있다.
전형적인 과잉공급의 모습이다. 제조업 평균가동률은 2011년 80.5퍼센트
에서 2019년 72.0퍼센트까지 지속적으로 하락했다. 가동률은 금융위기
당시를 포함해 2000년 이후 가장 낮은 수준이다. 한편 제조업 재고율은
2012년 81.6퍼센트에서 2019년 116.4퍼센트로 지속적으로 상승 중이다.

　이미 생산능력이 과잉한 상황이다. 그동안 확충한 공장설비가 유휴시
설로 전락하고 있다. 국내 제조업은 주로 해외수요에 의존적인데 세계경제
가 2017년 이후 중장기적으로 위축되어온 과정에서 한국의 제조업은 설
자리를 잃어 가고 있다. 뿐만 아니라 중국의 기술 추격으로 제품의 경쟁

제조업 평균가동률과 재고율 추이

자료 : 통계청, 광업제조업동향조사
주1 : 2019년은 6월까지의 평균값임
주2 : 재고율 = 생산자제품 재고지수 / 생산자제품 출하지수 × 100

력을 잃고 베트남, 인도 등 제2, 제3의 생산기지가 등장하면서 과잉생산 능력 문제가 해소되기도 어려운 상황이다.

중국의 추격과 한국 제조업의 긴장

중국의 기술 추격은 한국 제조업에 상당한 긴장감을 조성하고 있다. 과학기술정보통신부가 관할하고 한국과학기술기획평가원KISTEP이 수행한 2018년 기술 수준 평가에 따르면, 한국의 기술 수준은 최고기술 보유국(미국) 대비 76.9퍼센트이며 최고기술 보유국과 3.8년의 기술 격차가 있는 것으로 평가된다. 중국은 기술 수준이 76.0퍼센트 기술 격차가 3.8년으로 한국과 큰 차이가 없다.

국가별 전체 기술수준 및 기술 격차

	한국	중국	일본	EU	미국
기술 수준(%)	76.9	76	87.9	94.8	100
기술 격차(년)	3.8	3.8	1.9	0.7	0

자료 : 과학기술정보통신부, 한국과학기술기획평가원, 2018년 기술수준평가
주 : 최고기술 보유국(미국) 대비 기술수준(%) 및 기술 격차(년)를 의미

한국과 중국의 기술 격차는 빠르게 축소됐고 최근에는 거의 차이가 없다. KISTEP의 분석은 연도별 평가 대상 기술, 대분류 및 평가방법이 변경되어 단순비교는 불가할 수 있음에 유의해야 한다. 그런데도 2008년에는 한국과 중국의 기술 격차가 상당히 벌어져 있다고 평가하다가 2018년

에는 격차가 없다고 평가한 사실을 간과할 수 없다.

사실은 이러하다. 2008년 기준 세계 최고 기술 국가와의 기술 격차는 한국이 6.6년, 중국은 9.3년으로 한중 간 격차는 2.7년이었다. 2018년 기준 세계 최고 기술 국가와의 기술 격차는 한국과 중국이 모두 3.8년으로 나타나 한중 간 격차는 0년이다. 즉 한국과 중국의 기술 격차는 2008년 2.7년에서 2016년 1.0년으로 빠르게 축소됐고 2018년에는 차이가 없는 것으로 나타났다.

산업연구원에 따르면, 전체 제조 산업(85개) 중 다른 국가와의 경쟁에서 '생산비' 비교우위에 있는 산업은 30개 '기술' 비교우위 산업은 17개에 그친다. 이미 중국에 추월당해 생산비 비교 '열위'가 된 산업은 늘어나는 추세고 최근 그 숫자기 30개에 달한다.

한국과 중국의 기술 격차 추이

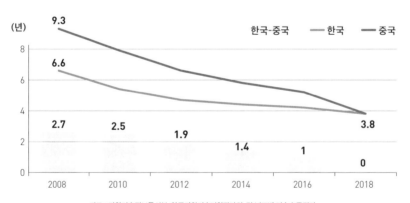

자료 : 과학기술정보통신부, 한국과학기술기획평가원, 각 년도별 기술수준평가
주1 : 최고기술 보유국(미국) 대비 기술 격차(년)를 의미
주2 : 과학기술 분야 샘플 수는 2008년(90개), 2010년(95개), 2012~2018년(120개)이며, 각 년도별 평가대상 기술, 대분류 및 평가방법이 변경되어 단순비교는 불가함

제조 경쟁력 약화가 수출 경쟁력 약화로 이어지다

기술경쟁력 수준을 나타내는 기술무역수지는 미국, 일본, 독일 등이 모두 흑자인 가운데 한국은 적자를 지속하고 있다. 한국의 기술무역수지(기술수출액-기술도입액)는 2001년 20.2억 달러의 적자를 기록한 이후 최근까지 적자를 지속 중이다. 2017년에는 46.8억 달러 적자를 기록했다.

국제통계 비교가 가능한 2015년을 기준으로 보면, 한국이 60.0억 달러의 적자를 기록했지만 미국(419억 달러), 일본(276억 달러), 독일(181억 달러) 등 주요 제조업 강국들은 흑자를 지속 중이다. 더욱이 한국을 제외한 제조 강국들은 기술무역수지 흑자 규모가 증가하는 추세다.

연도별 기술무역 추이

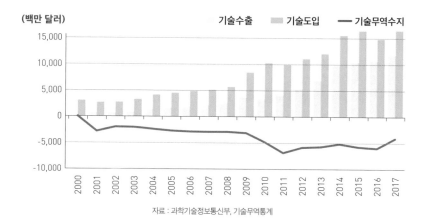

자료 : 과학기술정보통신부, 기술무역통계

무엇이 문제이고, 무엇을 바꿔야 하는가?

한국은 제품·기술 혁신을 외면한 채 물량에 의존해온 제조업의 관행과 전략을 수정해야 한다. 한국 제조업은 준가공 무역형 산업구조와 박리다매형 생산구조에 의존한다. 준가공 무역형 산업구조에서는 핵심부품 및 소재, 중요 기술에 대한 해외 의존도가 높아 물건을 팔수록 해외로 빠져나가는 부가가치가 증가한다. 또한 박리다매형 생산구조에서 만들어진 제품은 고부가·고기술 시장이 아닌 저부가·저기술 시장에 통용될 수밖에 없다. 중국 시장 붐이 한창일 때 국내 기업이 (마진이 적은) '빨간 고무대야' 생산라인까지 경쟁적으로 확장했고 지금도 물량 위주 경영 전략이 국내 세조업에 민성화되고 있다.

산업 재편이 필요하다. 특히 디지털 트랜스포메이션과 서비스 융합 등으로 제조 상품의 가치사슬 구조가 급속히 변화하고 있다. 각 제조업의 전방 및 후방 가치사슬value chain 상에서 부가가치가 높고 향후 시장성이 높은 영역으로 산업 재편을 추진해야 한다. 단적인 예가 반도체 산업이다. 메모리 반도체에 머무는 것이 아니라 시스템 반도체 등 비메모리 반도체 산업 진출을 위한 R&D와 사업 전략이 요구된다.

한국 제조업은 '혁신을 가로막는 생태계'에서 '혁신을 촉진하는 생태계'로 대전환이 필요하다. 한국의 제조업 생태계는 완제품을 생산하는 대기업과 부품 및 원자재를 공급하는 수많은 중소 공급업체로 단단히 얽힌 구조다. 대기업은 단가를 낮추기 위해 공급업체에 납품 공급 단가를 '쥐어짜는' 구조가 고착화되고 있다. 이러한 구조에서 대기업이 대량의 박리다

매식 물량 수요로 공급업체를 압박할 수 있었다. 고부가가치 산업으로 전환하고 혁신적 제품을 시장에 내놓는 데 걸림돌이 되어온 이러한 제조업 생태계를 바꾸어야 한다.

고기술의 숙련된 노동력을 양성해야 한다. 박리다매형 생산구조에서는 사실 고기술의 숙련된 노동력이 중요하지 않다. 1997년 외환위기 이후 거의 모든 제조업체가 현장 투입 인력을 대폭 줄여 노동비를 낮추는 대신 기계에 투자해 '자동화 경쟁'을 추구했다. 최근에는 제조업의 디지털 트랜스포메이션을 추구하고 인공지능과 로봇 등 기초한 스마트팩토리를 도입하는 등 그 움직임이 더욱 거세지고 있다. 이러한 과정에서 '탈숙련 현상'이 가속화되고 있다. 고기술의 숙련된 인재들이 더 좋은 대우를 약속하는 외국 경쟁사로 이동함에 따라, 한국이 고수해왔던 1등 산업의 자리를 뺏기고 경쟁력 격차가 줄어들고 있다. 정부는 R&D 투자재원을 확대하고 신성장 동력 산업을 육성해 산업 재편을 이끌고 고기술의 숙련 인재를 적극적으로 양성해야 한다.

03

'규제자유특구 지정'과
'혁신의 실험장'

"규제 혁신을 국정 최우선 순위에 두겠다." 2019년 7월 24일 시도지사 간담회에서 문재인 대통령은 선언했다. 과거 산업화 시대의 규제 혁신은 '선택의 문제'였지만 산업 간의 경계가 모호해진 디지털 경제 시대의 규제 혁신은 '생존의 문제'다. 기업의 낡은 규제는 신산업 진입을 어렵게 만들고 디지털 기술을 도입하거나 적극적으로 투자하는 데 걸림돌이 된다. 규제 장벽으로 국내 기업 경영을 포기하고 해외로 나가는 사례도 빈번하다. 정부는 말 그대로 규제와의 전쟁을 치르고 있다.

규제와의 전쟁

규제 완화의 적극적인 움직임이 점증하고 있다. 공유 자동차 규제, 스마트 헬스케어 시스템을 활용한 원격진료 금지, 신용정보 빅데이터 활용 제한, 드론의 상업용 활용 제한, 자율자동차 안전성 기준 부재 등 다양한 영역에 걸쳐 신산업에 적합한 새로운 제도의 도입 등이 2018년 본격적으로 시작되었다. P2P 대출산업 규제 완화, 비금융 기업의 인터넷 전문은행 출범을 제한하는 은산분리 원칙도 과감하게 해소됐다. 2018년 하반기에는 무인기, 자율주행차 등 다양한 신산업에 성장을 제약하는 규제를 탐색하고, 규제를 혁파하는 움직임이 본격화되었다.

2019년에는 규제 샌드박스를 도입하면서 규제와의 전쟁이 점증했다. 규제의 방향성이 '원칙적 금지, 예외적 허용'에서 '원칙적 허용, 예외적 금지'로 전환된 것이다. 2020년에는 규제를 처리하는 범위와 속도 면에서 한국은 세계적인 수준으로 도약할 것이다. 특히 새로운 제품과 서비스의 안전성을 테스트하기 위한 실증 특례를 제공하고, 적극적 법령해석을 통해 규제를 최소화하는 방향으로 움직일 것이다.

규제 샌드박스란 기존에 존재하는 규제에도 신기술, 신산업을 시도할 수 있도록 일정 조건, 즉 시간, 장소, 규모에서 규제를 면제, 유예시키는 '혁신의 실험장'이다. 아이들이 안전하게 마음껏 뛰어놀 수 있는 모래 놀이터sandbox에서 유래한 개념이다.

규제 샌드박스는 규제 특례 3종 세트에 기초한 것으로 이는 다음과 같다. 첫째, 기업이 신기술, 신산업 관련 규제 존재 여부와 내용을 문의하면 '신속히 확인'하고, 30일 이내 회신하지 않을 때는 관련 규제가 없는 것으로 간주한다. 둘째, 안전성과 혁신성이 확실한 신제품, 신 서비스도 관련 규정이 모호하거나 불합리하여 시장 출시가 어려울 때는 '임시허가'를 통해 시장 출시를 앞당길 수 있다. 셋째, 관련 법령이 모호하고 불합리하거나 금지 규정으로 신제품, 신 서비스의 사업화가 제한될 경우 기존 규제를 적용받지 않는 실증 테스트가 가능하다.

규제 혁신 3종 세트 간 관계

자료 : 국무조정실

규제 샌드박스가 2019년 4월 시행된 후 약 90여 건의 과제가 승인되었다(2019년 8월 기준). 업종별로는 금융(46퍼센트), 의료(14퍼센트), 제조(11퍼센트), 전기·전자(10퍼센트) 순이며 기타 통신, 에너지, 광고, 물류 등 산업 전반으로 규제 샌드박스 승인이 이루어지고 있다. 기술 분야별로 보면 App 기반 플랫폼 기술이 50퍼센트 이상을 차지하고, 사물인터넷 IoT, 빅데이터, 블록체인, 인공지능AI 순으로 나타났다. 규제 샌드박스 시행으로 4차산업혁명의 융복합 기술 전반에 사업화가 시도되고 있다.

규제 샌드박스 승인과제(예시)

신청기업	과제명 및 규제특례 내용	출시
KT	■ 공공기관 모바일 전자고지 활성화 ⇒(임시 허가)주민번호의 연계정보 일괄 변환 규정 부재에도 서비스 우선 허가	旣출시
카카오페이	■ 공공기관 모바일 전자고지 활성화 ⇒(임시 허가)주민번호의 연계정보 일괄 변환 규정 부재에도 서비스 우선 허가	'19.7
휴이노	■ 손목시계형 심전도 장치를 활용한 심장관리 서비스 ⇒(실증 특례)위급시 내원 안내 등에 대한 근거 불명확에도 예외 인정	'19.9
올리브헬스 케어	■ 임상시험 참여 희망자 중개 온라인 서비스 ⇒(적극 행정)온라인모집 관련하여식약처 공지로 허용 명확화	旣출시
현대차	■ 도심지역 수소충전소 ⇒(실증 특례)용도지역 및 도시계획 시설 규제 유예·면제로 설치 허용	'19.8
한국전력 공사	■ 전력데이터 공유센터 구축 ⇒(실증 특례)비식별 에너지 정보에 대한 법적 근거 미흡에도 활용 인정	기출시
디렉셔널	■ 블록체인기반 개인 투자자 간 주식 대차 플랫폼 서비스 ⇒(실증 특례)증권 대차 중개업무 제한에 대해 예외 인정	'19.7
국민은행	■ 알뜰폰 사업을 통한 금융·통신 융합 ⇒(실증 특례)은행은 이동통신 사업을 부수 업무로 영위 불가하나 예외 인정	'19.9
신한카드	■ 카드정보 활용 개인사업자 신용평가 서비스 ⇒(실증 특례)신용조회 업 허가 기관으로 제한된 신용조회 업에 예외 인정	'19.10
BC카드	■ 개인 가맹점을 통한 QR 간편결제 서비스 ⇒(실증 특례)등록 사업자로 제한된 카드가맹점 가입에 예외 인정	'19.11
우리은행	■ Drive Thru 환전·현금인출 서비스 ⇒(실증 특례)외국환 등 은행의 본질적 업무는 제3자 위탁 불가하나 예외 인정	'19.10

자료 : 국무조정실
주 : 2019년 7월 기준 81건의 과제가 규제 샌드박스를 통과했고, 이중 일부만 제시

규제자유특구 지정

중소벤처기업부는 2019년 7월 규제자유특구 7개 지역을 선정하면서 신산업 활로를 본격적으로 열었다. 각 지역은 규제 샌드박스를 적용해 적극적으로 신산업을 추진할 수 있다. 규제 완화의 숙원을 해소하고 산업 진화의 계기를 마련한 것이다. 규제로 인해 국내에서는 판매하지 못하고 수출만 했던 기업이 있었던 만큼 상당한 혁신 성장의 기회가 열렸다. 예를 들어 자택에서 폐 질환, 골절 등을 검진할 수 있는 이동형 엑스레이 촬영 장비를 개발해 미국, 중국, 동남아시아 등으로 수출했지만, 국내에서는 판매하지 못했던 중소기업 에이치디티(주)는 특구 내 실증 및 레퍼런스 확보가 가능하다.

규제자유특구는 기업이 규제 없이 자유롭게 사업할 수 있도록 지정한 구역이다. 각 특구는 신기술 개발이나 사업 진출에 도전할 수 있도록 각종 규제를 유예, 면제하여 산업을 집중적으로 육성한다. 지역 산업을 육성하기 위해 규제 샌드박스 등의 규제 특례와 지자체와 정부의 투자 계획을 담은 특구 계획에 따라 지정된 새로운 시스템이다.

규제 샌드박스는 개별 기업이 신청하는 제도인데, 규제자유특구는 지자체가 신청하고 재정 및 세제를 지원하는 제도다. 규제자유특구는 지역 단위의 규제 샌드박스인 셈이다.

규제자유특구는 과거 추진했던 규제프리존과도 구분된다. 규제자유특구는 기존의 규제프리존에 추가로 규제 샌드박스를 적용해 대상 산업을 확대했다고 볼 수 있다. 특히 국가혁신클러스터 등 각 부처의 지역 산업 육성 사업과도 연계한 신산업 육성 정책이라는 점에서 의미가 있다.

규제자유특구와 규제 샌드박스 비교

구분	규제 샌드박스	규제자유특구
공통점	● 규제 샌드박스 적용	
차이점	● 기술 중심 개별 규제 완화	● 산업 육성을 위한 핵심 규제 완화
	-	● 메뉴판식 규제 특례 적용
	-	● 재정·세제 지원
	● 기업 신청	● 시·도지사 신청
	● 전국 대상	● 비수도권 대상
	● 위원회 위원장 : 소관부처 장관	● 위원회 위원장 : 국무총리

자료 : 중소벤처기업부

규제자유특구와 규제프리존 비교

구분	규제프리존	규제자유특구
차이점	● 27개 지역전략산업에 한정	● 분야 한정 없음 (지역혁신성장사업+지역전략산업)
	● 메뉴판식 특례 중심 - 규제 샌드박스는 계획에 포함하지 않 고, 지정 이후 별도로 신청	● 규제 샌드박스 중심 - 특구 지정시, 특구계획에 규제 샌드 박스 포함 필수
	● 재정투입 위주	● 재정은 보완적 적용

자료 : 중소벤처기업부

지역별 규제자유특구, '혁신의 실험장' 될까?

강원도는 디지털 헬스케어 규제자유특구로 선정되었다. 디지털 헬스케어는 원격진료, 백신 재고 관리 서비스 등을 포함하는 개념으로, 몸이 불편한 환자가 험준한 거리를 이동하지 않고 의료서비스를 받는 것을 말한다. 강원도 산간 지역 등에 거주하는 만성질환자(당뇨, 혈압) 중 주기적인 검진이 필요한 재진 환자가 동네 의원(1차 의료기관)에서 원격으로 모니터링, 내원 안내, 상담·교육, 진단·처방을 할 수 있다. 혈압을 측정하는 스마트밴드, 환자의 혈당 수치를 점검해주는 모바일 앱, 허리둘레를 측정해 비만을 관리하는 허리띠 등의 제품이 상용화될 것이다.

대구광역시는 스마트 웰니스 규제자유특구로 신청되었다. 스마트웰니스Smart Wellness는 스마트Smart, 웰빙Wellbeing, 피트니스Fitness, 행복Happiness의 합성어로 삶의 건강을 추구하기 위한 개인별 맞춤 건강관리 차세대 라이프 케어 산업을 가리킨다. 예를 들어 VR 기술을 활용한 원격 개인 PT 서비스, 개인 신체사이즈에 맞춰 제작하는 3D 프린팅 깁스 등이 있다. 현행 의료기기 제조시설 구비 의무 규정을 완화해 세계 최초로 3D 프린터를 활용한 의료기기 공동제조소 구축을 허용했다. 이를 통한 3D 프린팅 기반의 '쉐어링 팩토리'를 구축해나갈 전망이다.

전라남도는 e-모빌리티Electric Mobility 규제자유특구로 선정되었다. e-모빌리티는 전기를 동력으로 삼는 개인 이동수단으로 전동 킥보드, 전기자전거, 전기자동차 등을 포함한다. 기존 자동차 산업에 기반을 둔 도로교통법의 규제에 막혀 e-모빌리티 산업이 성장하는 데 한계가 있었다.

초소형 전기차의 진입 금지 구역인 다리 위 통행을 허용하고 자동차 전용도로 주행을 검토할 예정이다. 초소형 전기차를 이용한 운송이나 카 셰어링 사업이 가능해져 새로운 산업이 형성될 것이다. 또한 차도에서만 이용이 가능했던 전기자전거와 전동 킥보드는 자전거 전용도로에서도 주행이 가능해질 것이다.

충청북도는 스마트 안전제어 규제자유특구로 선정되었다. 스마트 안전제어는 유선으로만 관리해온 가스안전 경보·차단 장치 등을 인공지능과 사물인터넷 기술을 활용해 원격 관리하는 무선 기반 가스 안전제어를 의미한다. 현행법상으로 가스 안전제어가 직접 또는 '유선' 제어만을 허용했기 때문에, 스마트 안전제어 산업의 성장에 제약이 많았다. 한국은 세계 최초로 가스기기 분야에서 무선 제어와 차단 기준을 마련해 기술표준을 선도해 나갈 계획이다.

경상북도는 차세대 배터리 리사이클링 규제자유특구로 선정되었다. 차세대 배터리 리사이클링이란 전기 자동차에서 나오는 배터리를 재가공하여 다른 산업에서 재사용하거나 배터리 재활용으로 핵심 소재를 얻을 수 있는 산업을 말한다. 세계적으로 전기 자동차가 급속도로 보급되면서 배터리 처리 문제가 커지고 있다. 폐배터리 성능 및 안전성 검증 기준을 마련함으로써 배터리의 수집, 보관, 해체, 재활용에 관한 제약을 완화하고 다양한 응용제품을 개발하는 산업이 열릴 전망이다. 현재 전량 수입하고 있는 배터리 핵심 소재인 리튬과 코발트를 추출해 소재 국산화에도 이바지할 것이다.

부산광역시는 블록체인 규제자유특구로 지정되었다. 금융 분야에서는 부산은행이 주관이 되어 지역화폐(디지털 바우처)를 발행할 예정이다. 관광 분야에서는 현대페이, 한국투어패스가 블록체인 기반 관광 플랫폼 실증 사업을 진행할 예정이다. 스마트 투어 서비스를 개발해 숙박, 렌트카 이용, 상품 구매 등 결제 데이터를 블록체인에 기반을 두고 소비자와 판매자가 공유할 것이다. 공공안전 분야는 코인플러그가 블록체인의 최대 장점인 '익명성'을 이용해 개인정보 유출 없이 안심하고 제보할 수 있는 환경을 구축한다. 경찰서나 소방서는 제보 시민의 실시간 위치 정보를 파악하고 신속하게 재난 및 사고 상황에 대처할 수 있다.

세종시는 자율주행 규제자유특구로 선정되었다. 세종시에 구축된 인프라를 기반에 두고 자율주행을 규제 없이 실증할 수 있다. 현재는 운행 중 기기 조작 금지, 도시공원 내 운행금지 및 운수업을 위한 '한정면허' 발급 등 규제 제약에 따른 어려움이 있다. 즉 도로교통법, 여객자동차 운수사업법, 도시공원 및 녹지 등에 관한 법 8건이 자율주행 산업을 가로막는 규제였다. 이제 도심 자율주행 실증과 빅데이터 허브 구축이 가능해질 것이다. 나아가 국내외 자율주행 관련 기업이 세종시의 첨단시설을 활용하고 관련 벤처기업이 육성될 것으로 기대한다.

규제자유특구 지역별 세부 내용

지역	부문	규제자유특구계획 세부 내용
강원	디지털 헬스케어	○ 국가혁신클러스터, 강원 5대 전략산업과 연계하여 디지털 기기를 활용한 개인 건강관리, 응급의료 서비스 활성화
대구	스마트 웰니스	○ 지역내 첨복단지, ICT융합 인프라를 활용하여 전문 의료기기 플랫폼 구축, IoT기반 건강관리 서비스를 통해 웰니스 산업 육성
전남	e-모빌리티	○ e-모빌리티 연구센터를 기반으로 지역내 자동차 부품기업을 활용한 다양한 형태의 e-모빌리티 산업 육성
충북	스마트 안전제어	○ 한국가스공사를 중심으로 지역내 화학·기계·부품기업을 연계하여 가스기기 무선 제어·차단 등 스마트 안전제어 도입
경북	차세대 배터리 리사이클링	○ 포스코, 에코프로(이차전지 핵심 소재 기업) 등 주요기업을 기반으로 전기차 폐배터리 수집-보관-해체-재활용 추진
부산	블록체인	○ 국제금융센터, 항만, 관광 등 지역인프라와 금융, 물류, 의료산업 역량을 활용하여 다양한 블록체인 기반 서비스 육성
세종	자율주행	○ BRT 전용도로, 차세대 신교통 BRT 정류장 등 인프라를 활용하여 자율주행 특화도시 조성

자료 : 중소벤처기업부

주 : 2019년 4월까지는 울산의 수소산업, 전북의 홀로그램, 제주의 전기차 규제자유특구가 1차 협의 대상으로 검토되었지만, 심의과정을 거쳐 최종적으로는 선정되지 않음

'혁신의 실험장' 성공을 위한 제언

무엇보다 '기존 산업과의 전쟁'이 일어나지 않도록 노력해야 한다. 2018~ 2019년에도 '규제와의 전쟁'이 진전되자 '기존 산업과의 전쟁'이 발발했다. 카풀시장이 대표적인 사례다. 카카오는 승차공유(카풀) 시장에 진입하기 위해 카풀 스타트업인 '럭시'를 인수하고, 모빌리티 혁신을 추진해왔으나

택시 업계의 강한 반발로 무산된 바 있다. 규제자유특구 지정도 예외가 아니다. 강원도 규제자유특구에서 원격의료 실증 사업에 참여하겠다는 의료기관이 한 곳에 불과하다. 1차 의료기관을 대표하는 대한의사협회가 원격의료 추진 자체를 반대하고 있기 때문이다. 소통의 장을 마련하고 신산업 확대를 통한 이익을 기존 산업들과 공유하는 시스템 구축이 필요하다.

특정 지역 내 특정 산업에만 특혜가 돌아가도록 구성된 구조는 다른 지역에서 해당 사업을 영위하는 기업들에게 상대적 박탈감을 준다. 예를 들어 국내 수많은 금융 기업 중 부산은행이 블록체인 사업의 수혜를 독차지한다는 비판을 피하기가 어려운 상황이다. 강원도 횡성군은 e-모빌리티 사업에 상당한 관심이 있지만, 전라남도와 같은 규제 완화의 효과가 돌아가기 어려운 상황이다. 규제자유특구 정책이 지역적 구분을 축소하는 방향으로 개선될 수 있도록 점검해야 한다.

마지막으로 규제 샌드박스를 적용받아 기술 개발을 시도한 기업이 특정 기간과 장소를 벗어나서 사업을 영위할 수 있도록 환경을 마련해야 한다. 그렇지 않으면 기술 개발이 제품 개발로 이어질 수 없을 것이다. 기업이 가능성을 보고 수년간 투자를 진행해왔음에도 정작 사업화를 진행할 수 없는 여건으로 바뀌면 상당한 손실을 떠안을 것이다. '먹튀' 정책이 아닌 영구적인 지원이 될 수 있도록 하는 제도적 고심이 필요하다.

04

세계 7번째 경제 선진국,
체감과 다른 경제

경제 규모로 보나 무역 규모로 보나 세계 유수의 국가들과 어깨를 나란히 하는 나라, 대한민국. 월드컵이든 올림픽이든 강대국 사이에서 10위권 내외를 기록하는 나라, 대한민국. 첨단기술과 문화를 세계에 전파하는 나라, 대한민국. 어느덧 국제기구는 한국을 개도국이나 중진국이 아닌 선진국으로 분류하기 시작했다.

국민의 마음속에서 우리나라는 선진국이다. 그러나 '왜 나는?', '왜 나의 삶은?' 제자리에 있을까 하는 마음이 들기도 한다. 얼마 전 한 방송사에서 방영해준 다큐멘터리를 보았다. 카메라는 쪽방에 거주하는 젊은이의 삶을 조명했다. 그는 성실히 일하고 알뜰살뜰 소비하면서 매월 30만 원씩 저축했다. 젊은이가 1년 동안 360만 원을 모으는 동안 강남의 아파트는 3억 6천만 원이 올랐다.

30~50클럽에 가입한 세계 7번째 나라, 한국

2017년 한국의 1인당 국민소득은 3만 달러를 초과했다. 2006년 한국은 1인당 국민소득 2만 달러에 진입한 이후 약 11년 만에 3만 달러 국가에 진입했다. 세계에서 1인당 국민소득이 3만 달러 이상인 나라가 30개국이 안 된다는 점에서 상당한 성과를 이룬 것이다.

1인당 국민소득(Gross National Income, GNI)

1인당 국민소득은 국민소득을 총 국민 수로 나눈 값이다. 여기서 국민소득은 한 나라의 국민이 일정 기간 생산 활동에 참여한 대가로 벌어들인 소득의 합계를 의미한다. 종전에는 1인당 국민소득이 2018년에 3만 달러를 돌파한 것으로 발표되었으나 한국은행이 국민 계정의 통계 기준연도를 2010년에서 2015년으로 바꾸면서 2017년에 돌파한 것으로 정정되었다.

경제적 선진국을 분류할 때 인구를 중요한 요소로 고려한다. 1인당 국민소득이 3만 달러 이상이라고 모두 경제적 선진국이 아닌 것이다. 룩셈부르크, 오스트리아, 쿠웨이트, 바하마 등과 같은 나라는 자원이 풍부하지만 인구 규모가 매우 작아 쉽게 그 기준을 충족한다. 30~50클럽은 1인당 국민소득 3만 달러 이상인 동시에 인구 규모도 5,000만 명 이상이어야 한다는 점에서 의미 있는 분류 방법이다.

아직도 많은 사람의 오해하는 것은 '한국은 작은 나라다'라고 생각하는 점이다. 한국은 세계 200여 개 나라 중에서 인구 규모가 28위로 절대 작은 나라가 아니다. 예를 들어 캐나다는 3,700만 명, 호주는 2,500만 명, 네덜란드는 1,700만 명, 스위스는 860만 명 수준이다. 뉴질랜드는 인구가 470만 명 양이 3,000만 마리다. 한국은 상당이 큰 나라다. 선진국들이 집중된 유럽에서도 한국보다 인구가 많은 나라는 독일, 영국, 프랑스, 이탈리아뿐이다. 한국은 30~50클럽에 이름을 올린 7번째 경제 선진국이다.

1인당 국민소득(GNI) 추이

(달러)

33,434
31,734
24,027
21,664

30,000
20,000
10,000

2005 2006 2007 2008 2009 2010 2011 2012 2013 2014 2015 2016 2017 2018 2019(E) 2020(E)

자료 : 한국은행

30-50 클럽

국가	3만 달러 진입 시기	인구
미국	1996년	3억 2,909만
독일	2004년	8,243만
프랑스	2004년	6,548만
일본	1992년	1억 2,685만
영국	2004년	6,696만
이탈리아	2005년	5,922만
한국	2017년	5,181만

자료 : World Bank
주1 : World Bank의 Atlas method 기준
주2 : 현재 1인당 국민소득 기준으로 국가 나열

약 2퍼센트 수준을 이어온 경제성장률과는 다르게, 나의 삶은 더욱 팍팍하게 느껴진다. 그 배경에는 여러 가지가 있을 수 있다. 서울과 지방의 집값 상승세가 다르다. 고소득층과 저소득층의 소득 증가 속도가 다르다. 기업의 생산 증가 속도와 가계의 소득 증가 속도가 다르다. 종합주가지수와 내가 보유한 주식 종목의 가격 움직임이 다르다. 이렇게 다양한 요소가 달리 움직이기 때문에 유독 나의 삶이 팍팍하게 느껴질 수 있다. '체감과 다른 경제'라고 인식되는 주요한 면면을 집중적으로 살펴보도록 하자.

체감과 다른 물가

"물가상승률이 몇 퍼센트일까요?"라는 질문에, 많은 사람이 "20퍼센트?", "30퍼센트?", "40퍼센트?"라고 자신 없게 대답한다. 많은 사람이 체감하는 물가수준이 그렇다는 것이다. 이러한 숫자와는 다르게 소비자물가상승률은 1퍼센트를 채 넘지 못하고 있다. 2019년 들어 소비자물가상승률은 1월 0.8퍼센트, 2월 0.5퍼센트, 3월 0.4퍼센트, 4월 0.6퍼센트, 5월 0.7퍼센트, 6월 0.7퍼센트를 기록했다. 한국은행은 2019년 소비자물가상승률이 0.7퍼센트를 기록할 것으로 전망했다(2019년 7월 기준 전망). 심지어 한국은행의 물가상승률 목표치가 2.0퍼센트로, 소비자물가상승률은 지속적으로 목표치를 밑도는 '저물가 시대'에 우리는 살고 있다.

체감하는 물가와 소비자물가지수는 다르다. 소비자물가 조사는 조사대상 약 460개 품목의 가격변동을 종합하여 가중평균하여 계산한다. 서

물가상승률 추이

자료 : 한국은행
주 : 2019년과 2020년 물가상승률은 한국은행 전망치임(2019.7)

민들이 체감하는 물가는 460개 품목의 평균치인 소비자물가지수가 아니라 식탁에 자주 오르는 식료품의 물가, 즉 식탁 물가였다. 실제로 채소, 과실, 축수산물과 같은 농, 축, 수산물 가격은 최근 6개월간 최고 23.1퍼센트 오른 품목도 있다.

저소득층은 식탁 물가의 상승을 더 크게 체감한다. 저소득층의 경우 소비지출 총액에서 식료품비가 차지하는 비중이 높기 때문이고, 이를 엥겔지수Engel coefficient라고 한다. 저소득층에 해당하는 1분위 가구는 소비지출 총액에서 20.4퍼센트를 식료품 지출에 쓴다. 반면 고소득층에 해당하는 5분위 가구는 엥겔지수가 12.4퍼센트에 달한다. 저소득층은 생활비 중 절대적 비중을 식료품 지출에 사용하고 고소득층은 그 밖의 오락, 문화, 교육 등의 영역에 소비지출하고 있다. 결국 식탁 물가가 상승하면 저소득층에게는 더 치명적일 수 있다.

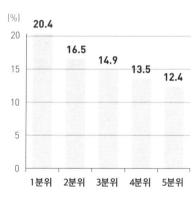

주요 농축수산물 물가상승률

[%]

마 12.6
마늘 12.9
양파 9.2
브로콜리 23.1
귤 16.3
참외 13.6
바나나 11.4
돼지고기 9.3
고등어 7.6

채소 / 과실 / 축수산

자료 : 통계청, 가계동향조사 데이터 이용 추계
주 : 2019년 1월~6월까지의 물가상승률

소득 5분위별 엥겔지수 현황

[%]

1분위 20.4
2분위 16.5
3분위 14.9
4분위 13.5
5분위 12.4

자료 : 통계청, 가계동향조사 데이터 이용 추계
주 : 전국, 1인 이상, 명목, 2018년 기준

체감과 다른 고용

대학 졸업식에 참석해 보면 과반수가 진로를 결정하지 못한 상태다. 우리 주변에는 졸업하고 직장을 못 잡아 아르바이트하며 지내는 청년도 상당히 많다. 산업 구조조정으로 직장에서 퇴직한 한 중년층은 다른 산업으로 직장을 옮기고자 자격증 준비를 하고 있다. 출산 및 육아를 이유로 퇴직한 한 여성은 마땅한 직장을 잡지 못하고 경력 단절을 고민하고 있다. 이렇게 해보고 저렇게 해봐도 취업이 쉽지 않다는 걸 깨달은 장년층은 구직을 단념한 상태다.

일반적으로 국민의 체감 속에 위와 같은 사람들은 백수 혹은 실업자일지 몰라도 통계적 정의상 실업자와는 거리가 멀다. 시간제 취업자, 취업 준비자, 구직단념자, 취업 무관심자, 비경제활동인구이지 실업자가 아니다.

취업자와 실업자의 정의(통계청)

취업자는 조사 기간에 수입을 목적으로 1시간 이상 일한 자를 뜻한다. 가족이 일하는 사업체에서 무급으로 일한 경우(무급가족 종사자)나 일시 휴직자도 취업자에 분류된다. 실업자는 조사 기간에 (1)수입이 있는 일을 하지 않았고 (2)지난 4주간 일자리를 찾아 적극적으로 구직활동을 한 사람으로서 (3)일자리를 주면 즉시 취업이 가능한 사람을 뜻한다. 경제활동 인구조사는 매월 15일이 포함된 1주 7일간 수행된다.

실제로 2018년 실업률은 3.8퍼센트, 청년 실업률 9.5퍼센트에 달한다. 국민의 체감은 저마다 다르므로 모두를 만족하게 하는 체감실업률 지표는 사실상 없지만 광의의 실업자들을 포함한 고용 보조지표를 기준으로 살펴보면, 체감실업률이 11.6퍼센트, 청년 체감실업률이 22.8퍼센트로 실제 지표와 상당한 차이가 있다.

실업률과 체감실업률 추이

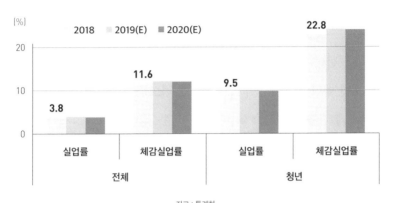

자료 : 통계청
주 : 2019년과 2020년 실업률은 한국은행 전망치임(2019.7)

체감과 다른 금리

2019년 하반기부터 '긴축의 시대'에서 '완화의 시대'로 전환되었다. 경제 여건이 급랭하고 저물가 현상이 장기화하는 등 경기를 부양시키기 위한 통화정책 기조가 전환된 것이다. 미국을 비롯한 유럽 및 일본 등의 선진 국을 시작으로 통화정책이 완화적으로 전환되었고 한국도 2019년 7월에 기준금리를 한차례 인하했다. 앞으로 추가 기준금리 인하가 있을 것으로 예상한다. 우리는 '저금리 시대'를 살고 있다.

최근 부동산 시장이 지방을 중심으로 침체하고 부동산 매매가 주춤해지면서 가계부채의 증가 속도도 둔화하고 있다. '그런데 왜 나는 이자 부담이 가중될까?' 하는 마음으로 체감과 다른 경제를 느끼는 경향이 있다. 특히 저소득층일수록 이자 부담이 상당하다.

채무상환 부담 및 능력을 평가하는 보편화한 지표로 채무상환비율 Debt Service Ratio, DSR이 있다. 채무상환비율은 가처분소득 대비 원리금 상환액을 나타내는 지표로 개별 가구의 채무불이행 가능성을 판단할 수 있을 뿐만 아니라 개별 가구의 생계부담 정도를 파악할 수 있다는 장점이 있다. 국제 금융기관들은 통상적으로 채무상환비율이 40퍼센트를 넘는 채무자를 채무불이행 가능성이 큰 '고위험군'으로 분류하고 한국은행은 '과다채무 가구'로 정의한다.

저소득층의 채무상환 부담은 중·고소득층과 비교해 상당한 수준이다. 저소득층에 해당하는 소득 1분위 가구는 채무상환비율이 2018년 56.7퍼센트로 소득의 약 60퍼센트를 원금과 이자를 상환하는 데 쓰고 있다. 고위험군으로 분류되는 계층은 소득 1·2분위로 소득 4·5분위는 채무상환비율이 오히려 안정적이다. 저소득층의 소득이 감소하다 보니, 생계비 마련을 위한 대출에 의존하는 악순환이 전개되고 있다.

체감할 수 있는 경제 정책

정부는 현실경제를 반영한 체감 경제지표를 개발하고 정책에 활용해야 한다. 일반적으로 현실경제를 이해하고 사회를 바로잡기 위해 정책적으로

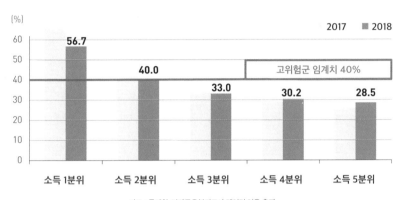

소득 5분위별 채무상환비율 추이

[%]

2017 ■ 2018

60

56.7

50

40.0

고위험군 임계치 40%

40

33.0

30.2

28.5

30

20

10

0

소득 1분위 　소득 2분위 　소득 3분위 　소득 4분위 　소득 5분위

자료 : 통계청, 가계금융복지조사 데이터 이용 추계
주 : 금융부채 보유 가구를 대상으로 각 지표 추계

지수를 활용된다. 지수가 현실을 반영하지 못하면 바람직한 정책을 계획할 수 없다. 기존 지표를 개편하는 것은 시계열적 변화를 이해하는 데 방해되기 때문에 적절하지 않은 대응이다. 따라서 고용 보조지표를 개발하고 보급했듯이, 다양한 영역에 걸쳐 서민의 삶을 반영하는 체감 경제지표를 개발해야 하겠다.

서민 경제정책의 초점을 분명히 할 필요가 있다. 예를 들어 물가정책의 목표는 '물가안정'이 아닌 '식탁 물가안정'이어야 한다. 물가는 이미 안정되어 있다. 서민 생활에 직접적인 영향을 미치는 식탁 물가의 안정이 필요하다. 매년 반복되는 신선식품의 변동성을 완화해야 하겠다. 수급 변동성이 큰 품목에 대해서는 비축 재고 물량을 확대하는 등 정부비축 시스템을 보완해야 한다. 가뭄, 한파, 폭설 등 계절적 요인을 반영한 식탁 물가지표를 개발하고 합리적인 물가정책을 위해 보조지표로 활용해야 한다.

그 밖에도 지표상의 실업자가 아닌, 체감상의 실업자를 고용시장으로 인도하는 정책이나 이자 부담이 가중되고 있는 저소득층에 적합한 가계 부채 대책이 마련될 필요가 있겠다.

경제를 이해하고자 하는 대중은 경제지표가 현실과 괴리가 있다고 비판하기보다 경제지표가 현실과 어떤 차이가 있는지를 바로 인식하자. 가끔 방송이나 강연장에서 '저물가 시대'라고 하거나 '실업률이 3퍼센트대'라고 말하면, 이 자체를 부정하는 질문을 받을 때가 있다. 언론이나 전문가가 제공하는 경제지표의 의미를 정확히 알고 경제의 흐름을 놓치지 않고 이해하는 것은 투자나 진로 등의 의사결정에 매우 중요하다. '내가 생각하는' 경제지표의 개념이 실제 경제지표의 정의와 다르지 않다면(차이가 없나면) 올바른 경제 인식이 함양될 수 있고 경제를 더욱 객관적으로 볼 수 있다.

05

2020년 슈퍼예산안,
경기 부양의 기회 vs 국가 채무의 위기

2019년 8월 29일, 2020년 예산안이 발표되었다. 기획재정부가 매년 이맘때 발표하는 예산안은 이듬해의 나라 살림살이를 알 수 있는 '나라 가계부'다. 정부는 예산안 발표를 통해, 다음 연도에 나라를 어떻게 운영하겠다는 재정 정책의 방향성을 공포한다.

홍남기 경제부총리는 "2020년 예산안은 가능한 범위 내에서 확장적 기조로 편성했다. 정부가 단기적인 재정수지 악화를 감내하되 중기적으로는 적극재정이 경제 성장과 세수 증대로 이어지는 선순환 구조를 정착시키려 한다"라고 말했다. 재정 적자를 감내하더라도 경기 부양을 위해 총력을 다하겠다는 의지가 표명된 것으로 보인다. 다만 이러한 재정 정책이 과감한 경기 부양책인가, 아니면 과도한 국가 채무이냐를 두고 전문가와 정치인이 논쟁하고 있다. 2019년 12월 초 국회를 통과한 확정 예산이 도출될 때까지 이러한 논쟁이 조율되는 과정을 거칠 것이다.

2020년 슈퍼예산안의 편성

2020년 예산은 약 513.5조 원에 달한다. 2018년에 계획했던 504.6조 원에 비교하면 약 8.0조 원을 확대 편성한 것이고, 2019년 예산과 비교하면 43.9조 원이 증액된 셈이다. 2020년 만이 아니라 2021년과 2022년의 예산안 계획치도 기존의 계획보다 훨씬 큰 규모로 지출하겠다는 의지가 보인다.

경제학에서는 이러한 계획을 '확장적 재정지출'이라고 한다. 확장적 재정지출은 나라가 경제적 위기 상황에서 벗어나기 위해, 경기를 부양시키기 위해 가하는 정책수단 중 하나다. 특히 통화정책도 2019년 하반기부터 기준금리를 인하하는 방향의 완화적 통화정책으로 전환된 상황에서 가동

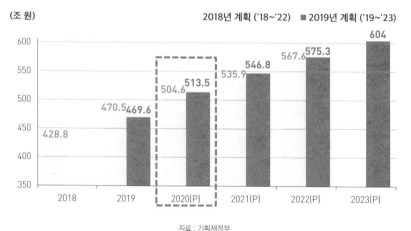

5개년 재정운용계획

자료 : 기획재정부
주 : (P)는 계획치(Plan)를 의미함

할 만한 모든 정책이 경기 부양적으로 집중하는 모습이다. 2019년 하반기의 경제 상황과 2020년 경제를 고려했을 때, 통화정책과 재정 정책이 경기 부양적으로 집중되어야 할 필요성을 반영한 계획이라고 평가된다.

2020년 예산 규모는 상당히 증가했다. 실제로 재정지출 규모의 증감률을 계산해보면 2020년 9.3퍼센트로 상당히 높은 수준이다. 2019년 예산도 전년 대비 9.5퍼센트로 증가해 2008년 금융위기 이후 최고 수준을 기록했는데, 2년 연속 9퍼센트대의 예산을 매우 확장적으로 편성하고 있다. 일본과의 갈등과 긴장감이 어느 순간 한국경제에 충격으로 작용하게 될지 가늠할 수 없는 상황에 다양한 대내외 악재가 겹겹이 쌓여 국가 재정을 대거 투입하려는 의지가 반영된 것으로 보인다.

정부 예산안 규모 및 증감률 추이

자료 : 기획재정부
주 : (P)는 계획치(Plan)를 의미함

재정 건전성 악화를 우려하다

예산안 규모를 크게 할 수 있었던 배경에는 '빚'이 있다. 빵집을 운영해 가계살림을 하는 가정에 비유한다면 빵집 매출액은 '세입'이요, 살림살이를 위한 지출액은 '세출'이다. 2020년 살림살이, 즉 세출을 계획해놓은 것이 2020년 예산안이다. 여기서 중요한 것은 세입의 증가 폭보다 세출(예산안)의 증가 폭이 크다는 점이다. 세입은 2019~2020년 동안 1.2퍼센트 증가하는 수준이지만 세출은 같은 기간 9.3퍼센트 증가했다. 2019년 예산은 세입이 세출보다 컸지만 2020년 예산안은 세입이 세출보다 작다. 2020년 세입 전망치는 482조 원으로, 정부 총지출이 총수입보다 많은 것은 글로벌 금융위기 영향을 받은 2010년 이후 처음이다. 당연히 국가 채무 문제를 제기할 수 있다.

2019년과 2020년 정부 예산 비교

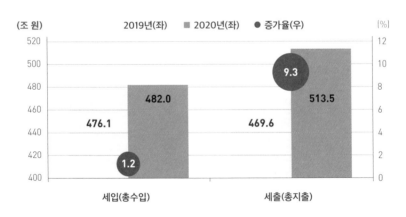

자료 : 기획재정부

국가 채무는 2010년 이후 지속적으로 늘어왔기 때문에 규모 자체를 보고 과다한지 아닌지를 판단할 수 없다. 그 나라의 경제 규모가 증가하는 속도보다 나랏빚의 증가 속도가 큰지를 따져 봐야 한다. GDP 대비 국가 채무가 차지하는 비중을 보면, 2020년 39.8퍼센트로 2010년 이후 최고 수준이다. 더욱이 기획재정부는 2020년부터 2023년까지 국가 채무가 그 어느 때보다 가파르게 상승할 것으로 전망했다. 저물가, 저성장, 저고용, 저투자, 저출산 등 모든 것이 '저저저'인데 국가 채무만 빠른 속도로 증가하는 것은 경제에 상당한 부담이 될 수 있다.

학생이 빚에 의존해 등록금을 마련했다고 한다면 '이제는 빚에 의존하기 어렵다는 점'이 더 큰 문제다. 등록금 문제가 아니라 더 큰 문제, 이를테면 사고나 질병에 당면할 때 추가적인 빚에 의존해 비용을 마련하기 어려워지는 것이다. 국가 재정 건전성 악화가 우려되는 상황이다. 경제가

국가 채무 규모 및 GDP 대비 비중 추이

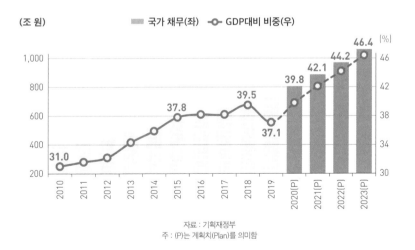

자료: 기획재정부
주 : (P)는 계획치(Plan)를 의미함

하강 국면일 때는 법인세, 소득세, 소비세가 줄기 마련이고, 부동산 거래마저 위축되어 양도세와 취득세도 줄어든다. 돈이 들어올 데가 없는데 쓸데만 많은 상황이다. 이토록 예산안을 과감하게 편성했다면 그 규모뿐 아니라 예산이 어떻게 쓰일지가 중요하다.

합리적인 예산 집행 방식에 대하여

예산안의 규모도 중요하고 국가 재정 건전성도 중요하다. 어렵게 마련한 예산이 '잘 쓰이는가'도 매우 중요하다. 자녀에게 용돈을 준다고 가정했을 때, 그 돈으로 책을 살 수도 있고 게임하는 데 지출할 수도 있다. '어떻게 쓰이느냐'에 따라 결과는 달라질 것이다.

2020년 정부 예산안의 분야별 증감률을 보면, 현 정부가 경제 분야에 집중하고 있다는 것이 명확히 드러난다. 무엇보다 '산업, 중기, 에너지' 부문의 2020년 예산 증가율이 27.1퍼센트로 단연 높다. 2019년에도 이 분야에 예산을 가장 높게 증가시켰다. 신산업 투자를 확대해 미래 성장동력을 창출하고자 하는 방향성이 두드러진다. R&D 예산은 핵심 소재, 부품, 장비 산업을 고도화하기 위해 17.6퍼센트 증가시킬 계획이고 환경과 SOC 예산도 중점적으로 확대해 건설 투자를 회복시키는 데 주안점을 두고 있다.

그 밖에 눈길이 가는 영역이 '보건, 복지, 고용' 분야다. 재원 배분 현황을 보면 보건, 복지, 노동 분야 예산이 181.6조 원으로 압도적으로 크다. 전체 예산안에서 약 35.4퍼센트에 달하는 예산 분야임에도 증가 폭도 상당히 크다. 일자리 예산은 사상 최대인 25.8조 원이 편성되었다. 일자리 분야에 재정투자의 중점을 두고 있다는 의미다. 4차산업혁명에 대비하여 재직자나 실업자를 대상으로 직업훈련을 확대하고, 고용센터 분소를 설치하거나 심리상담 프로그램을 확대하는 등 국민 취업 지원제도를 도입할 계획이다. 돌봄, 안전 등의 사회서비스 일자리(2022년 34만 개)나 청년, 신중년, 노인 등 나이별 일자리(2021년 80만 개) 및 출산, 육아 지원 일자리를 확대할 계획이다.

정부 예산안의 분야별 증감률

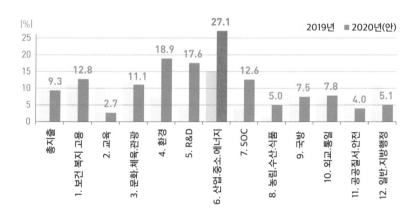

자료 : 기획재정부
주 : 2019년은 국회통과 후 확정 예산을, 2020년은 국회통과 전 예산안을 기으로 함

4대 중점 투자 분야

정부는 4대 중점 투자 분야를 육성하겠다고 발표했다. 정부는 소재, 부품, 장비 핵심기술 개발 분야에 중점을 둘 계획이다. 핵심 소재, 부품, 장비의 조기 공급안정을 지원하고 수입 의존도를 획기적으로 낮추어 산업체질을 근본적으로 강화하는 데 목표를 두고 있다. 기술 개발과 설비 투자를 위한 펀드를 조성해 민간투자를 유인할 것으로 보인다. 이미 소재 양산기술을 보유한 기업을 중심으로 공급 물량을 확대하기 위해 설비 투자 자금을 지원할 방침이다.

정부는 'D.N.A. + BIG 3'에 집중적으로 투자해 AI 사회로의 전환을 이끌고자 한다. 핵심 인프라 집중 투자로 4차산업혁명 기반을 구축하고 3대 핵심산업(시스템 반도체, 바이오·헬스, 미래차)을 집중적으로 육성하고자 한다. 3대 핵심산업은 2020년 혁신 성장의 성과가 가시적으로 나타날 분야로 기대하고 있다.

정부는 4차산업혁명에 대비해 핵심인재를 양성하고 주요 선도 사업에 투자를 북돋을 계획이다. 미래 유망분야의 인재를 양성하는 방향으로 대학의 혁신을 추진하고 산학협력의 모델하에 실용적 교육과 연구가 수행될 수 있도록 환경을 개선해나갈 것이다. 초중등 교육 단계에서도 미래인재 양성을 위한 투자를 강화하기 위해 학습공간을 다양화하거나 소프트웨어 교육을 확대하기 위해 예산을 적극적으로 활용할 것으로 보인다. 한편 스마트 산단을 조성하고 스마트공장 및 신재생에너지 인프라를 보급하는 등 선도 사업에 예산을 확대 편성했다.

2020년 혁신성장 4대 중점 투자

합계

2019년 예산		2020년 예산
0.8 조원	↑50%	**2.1** 조원

소재·부품·장비 자립화　　　0.8 조원 ➡ **2.1** 조원

소재·부품·장비 핵심 기술 개발(R&D)	0.6 ➡	1.3
실증 테스트베드 확충 등 제품 사용화 지원	0.2 ➡	0.5
설비 확충, 해외기술 도입 등 자금 공급	0.6 ➡	0.4

D.N.A. + BIG 3　　　3.2 조원 ➡ **4.7** 조원

Data, Network, AI 경제 확산 가속화	1.1 ➡	1.7
BIG3(시스템 반도체, 바이오 헬스, 미래차) 육성	2.1 ➡	3.0

혁신인재 양성 및 주요 선도 사업 등　　　2.9 조원 ➡ **3.7** 조원

4차산업혁명 견인 인재 4.8만 명 양성	0.4 ➡	0.6
중 선도사업(스마트 공장, 에너지 신사업 등) 투자	2.5 ➡	3.1

창업·벤처 투자　　　3.7 조원 ➡ **5.5** 조원

모험 자본 공급을 위한 모태펀드 출자 확대	0.6 ➡	1.3

자료 : 기획재정부

정부는 창업, 벤처 투자를 지원하기 위해 많은 예산을 계획했다. 공공 데이터를 개방하여 혁신 창업이 이루어질 수 있는 여건을 강화하고 창업 기업이 성장 단계별(창업 초기-성장-도약, 재창업)로 맞춤화된 지원을 받을 수 있도록 창업 생태계를 확충할 것이다. 또한 연구기관이나 대학 실험실에서 보유한 기술이 창업으로 연결될 수 있도록 R&D 성과물의 기술 사업화를 지원할 방침이다. 모태펀드 출자도 확대하고 융자자금도 확충해 유망한 기술이나 아이디어를 보유한 사람이 창업을 적극적으로 시도할 수 있는 금융시스템을 구축할 계획이다.

무엇을 고려해야 하는가?

정부의 예산안은 국회에 제출되어 3달여의 심의 기간을 거칠 것이다. 2019년 12월에 확정된 2020년 예산이 발표되기까지 전체 예산의 규모와 부문별 지출에 소폭 변화가 있을 것이다. 역대 최고급 확장적 예산 편성에도 복지 등의 분배적 예산이 과다하게 계획되었다는 지적을 면할 수 없는 상황이다. 뿐만 아니라 노인 일자리나 돌봄, 안전의 사회서비스 등 일자리 예산이 한시적 일자리 창출에만 머무를 수 있다는 우려도 상당하다. 2020년 예산이 확정될 때까지 정치적 논쟁이 아닌 경기 부양에만 초점을 둔 생산적인 논쟁을 통해 예산안을 정교하게 가다듬을 필요가 있다.

그 어느 때보다 과감한 경기 부양적 재정지출이 필요하다. 국가 채무를 감내하고서라도 말이다. 경기 부양과 재정 건전성이라는 두 마리의 토끼를 잡을 수 없는 상황에서 지금은 경기 부양에 초점을 두어야 할 시점이다. 그럴지라도 과도한 채무에 의존하지 않도록 하는 재정준칙을 마련해야 한다. GDP 대비 국가 채무비율을 법률로 정하는 재정건전화법이 국회에 계류 중인 상태지만 국민적 합의 과정을 통해 적정 채무비율을 특정할 필요가 있다. 고령화 추세 속에 노인 부양부담이 가중되고 연금이 고갈되는 등 추가적으로 국민의 조세부담이 가중될 것이기 때문이다.

2020년 예산안의 중요한 특징 중 하나가 R&D 예산이다. R&D 예산이 실효성 있게 집행될 수 있도록 노력이 필요하다. 정부 예산에만 의존해 연명하는 좀비기업에는 'R&D를 위한 예산'일 뿐 '상품화나 기술고도화를 위한 R&D'는 아니기 때문이다. 정부의 예산이 민간기업의 자본과 매칭되어 산업에 활기를 불어넣을 수 있도록 수혜기업을 엄격하게 선별해야 한다. 나아가 국가 R&D의 방향성이 중장기적으로 지속적이어야 한다. 우주산업에 1~2년 예산을 집중했다가 재생에너지 산업, 수소산업, 인공지능 등의 산업으로 방향성이 자주 바뀌는 모습은 기업에 엄청난 혼란을 준다. 가다가 중지하는 것은 안 간 것만 못하다. 어떻게 R&D 로드맵이 정권이 바뀔 때마다 바뀔 수 있는가?

기업은 정부의 예산안과 재정 운용계획을 자세히 살펴볼 필요가 있다. 국민이 세금을 냈다면, 세금이 어떻게 쓰이는지 확인해야 한다. 특히 이번 예산안에 담긴 R&D 집중 분야, 산업단지 조성 지역, 플랫폼 구축 지원 등의 정책적 지원을 상세히 살피고 활용해야 한다. 예를 들어 디지털 트랜스포메이션을 검토하는 제조 기업이라면 스마트공장 확대 및 고도화를 위한 지원을 활용할 수 있도록 검토해야 할 것이다. 공공 빅데이터를 활용해 신산업에 투자 및 진출하거나 플랫폼을 확충하는 과정에서 정부 지원이 마중물 역할을 할 수 있음에 유의해야 한다.

가계는 인재 양성과 일자리 창출 분야, 유망 투자 분야 등을 고민할 때 정부 예산안을 고려할 필요가 있다. 초등학생부터 대학원까지 교육의 방향성 변화를 선제적으로 인지하고 이를 활용해야 하겠다. 창업 지원 프로그램이나 재직자와 실업자의 미래인재 역량 강화 훈련 프로그램에 참여하는 것도 검토할 수 있다. 소득계층 및 연령 등에 따라 차등적으로 주어지는 복지 프로그램이 무엇이고, 어떤 공적 지원이 '나 혹은 내 주위'에 대상이 될 수 있을지를 적극적으로 파악하는 노력도 필요하다. 취업을 준비 중이라면, 최초로 도입되는 국민 취업 지원제도 등의 새로운 사회 인프라를 활용하는 적극적인 시도도 필요하다.

06

근심사회
Distress Society

요즘은 남녀노소 세대를 불문하고 모두 사는 것이 힘들다. 아르바이트생도 힘들고 사장님도 힘들다. 아이들도 바쁘고 할머니와 할아버지도 바쁘다. 청년, 중년, 장년층처럼 우리 사회의 중심을 이루는 계층의 근심은 부연설명이 필요 없을 정도다. 한국경제를 구성하는 수많은 경제 주체를 바라보면 저마다 삶의 무게를 짊어지고 이겨 내기 위해 힘겹게 싸워나가고 있는 듯하다. 우리는 모두가 근심을 안고 살아가는 근심사회Distress Society를 살고 있다.

사회 진입을 포기한 청년들

청년들은 첫 사회 진입이 지연되면서 사회 진입을 포기로 마음을 바꾸고 있는 듯하다. VIB(Very Important Baby)로 태어나 멋진 직장을 꿈꾸며 자랐지만 '나를 받아 주지 않는 사회'는 도전이라는 패기 대신 포기라는 근심을 안겨주었다. 삼포 세대, 오포 세대가 범국민적인 상식이 된 만큼 청년들은 연애, 결혼, 출산을 포기하기에 이른다.

평균 초혼 연령이 2018년 기준으로 남자는 33.15세, 여자는 30.40세였다. 지속적으로 결혼이 지연되고 있다. 이는 기혼인구를 기준으로 계산된 통계일 뿐 결혼을 포기한 인구가 반영될 경우 상황은 더 엄중해질 수 있다. 사실상 저출산 현상은 청년고용 문제에서 비롯한다.

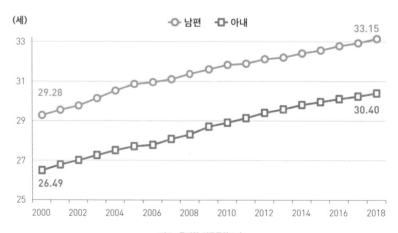

평균 초혼 연령

자료 : 통계청, 인구동향조사
주 : 기혼인구의 최초 혼인시의 성별 평균 연령을 의미함

아이가 울지 않는 나라

한국은 세계적으로 저출산 국가에 속한다. 한국의 출생아 수가 역대 최저 수준으로 감소하고 있다. 2000년 63만 4,501명에서 2016년 40만 6,243 명으로 2017년 약 35만 7,771명으로 급감했다. 통계청은 2018년 출생아 수가 32만 6,900명을 기록할 것으로 전망했다. 2018년 출생아 수는 통계 를 집계하기 시작한 1970년 이래 가장 낮은 수치이고 2019년과 2020년 에는 더 낮을 것으로 전망된다. 보육시설의 확충, 아이 돌보미 서비스 확 대, 여성 경력 단절 해소, 시간선택제 일자리와 같은 유연근로제도 확대, 출산장려금 지급 확대 등 다양한 정책적 노력과 시행에도 불구하고 출산 여건은 이전보다 나빠진 상황이다.

출생자 및 합계출산율 추이

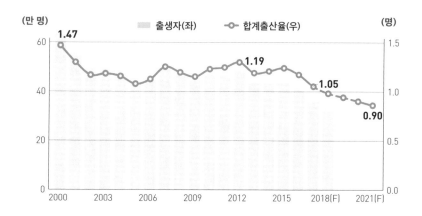

자료 : 통계청, 인구동향조사
주1 : 가임 여자인구(15~49세 여자인구) 한 명당 몇 명을 출산하는지를 보여주는 통계로,
한 여자가 평생동안 평균 몇 명의 자녀를 낳는가를 나타냄
주2 : 2018년부터는 통계청의 전망치임

한국의 합계출산율total fertility ratio은 세계 최저 수준이다. 합계출산율이란 한 여성이 가임기간(15~49세) 동안 낳을 것으로 예상하는 평균 자녀의 수를 의미한다. 합계출산율은 2000년 1.47명에서 하락해 2017년 1.05명을 기록했다. 2013년 출산장려책을 확대 편성하면서 출산율이 잠시 반등하였으나 2016년 들어 다시 하락하기 시작했다. 통계청은 합계출산율이 2018년부터 1명 이하로 떨어져 2020년에는 0.90명에 이를 것으로 전망했다.

합계출산율은 출산력 수준 비교를 위해 대표적으로 활용되는 지표다. 한국의 합계출산율은 OECD 국가 중에서 가장 낮고 세계적으로도 224개국(세계 평균 2.54명) 중 220위로 최저 수준에 해당한다. 1970년, 1995년과 비교했을 때 과거에는 주요국보다 출산율이 높았는데 근래에 올수록 그렇지 않은 모습이다.

주요국 합계출산율 비교

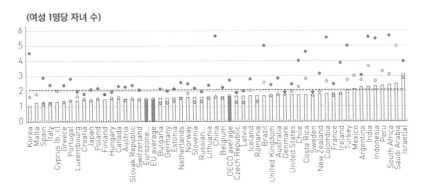

자료 : OECD(2019), Society at a Glance

근심하는 대한민국

자살은 근심사회를 보여주는 단면이자 세계적인 오명이다. 한국의 자살 사망률은 인구 10만 명당 26.9명으로 세계에서 가장 높은 수준이다. 작금의 한국은 유독 '인간이 널리 이롭지 않은' 모습이다. 잘못된 통계이길 바라지만 업데이트 통계를 접할 때마다 매번 1위여서 애석하다.

자살 충동을 경험한 사람이 주요 원인으로 삼는 것은 '경제적 어려움' 이다. 나머지 항목도 상당 부분 경제적 어려움과 밀접한 영향이 있다는 측면에서 1인당 3만 달러 국가에 진입한 몇 안 되는 나라로서 상당한 아이러니가 아닐 수 없다. 해석하자면, 평균적으로는 잘사는 나라지만 잘사는 자만 잘살고, 못사는 자는 엄청 못살고 있는 모습이 아닌가 한다.

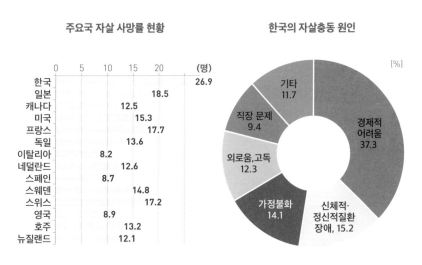

주요국 자살 사망률 현황

한국	26.9
일본	18.5
캐나다	12.5
미국	15.3
프랑스	17.7
독일	13.6
이탈리아	8.2
네덜란드	12.6
스페인	8.7
스웨덴	14.8
스위스	17.2
영국	8.9
호주	13.2
뉴질랜드	12.1

자료 : UN, CIA World Factbook(2016)
주 : 인구 10만 명당 자살 사망률

한국의 자살충동 원인

[%]
기타 11.7
직장 문제 9.4
외로움,고독 12.3
가정불화 14.1
신체적·정신적질환 장애, 15.2
경제적 어려움 37.3

자료 : 통계청, 사회조사
주 : 조사대상 중 자살충동이 있었던 응답자의 답변

근심 없는 노후는 가능한가?

한국 사회의 고령층은 매우 빈곤하다. 소득수준도 낮고 자가 이외의 자산을 보유하지 못하고 뚜렷한 노후 준비를 못 했기 때문이다. 한국의 노인 빈곤율Elderly Poverty Rate은 49.6퍼센트로 OECD 회원국 중 1위이고 2위 국인 이스라엘(24.1퍼센트)보다도 두 배 이상 높다. OECD 평균인 11.4퍼센트에 비해서도 노인 빈곤율은 심각한 수준이다.

한국의 경우 60대 이전에는 안정적인 소득에 기반을 두어 중산층의 삶을 살지만 60대 이후 고용 안정성이 떨어지고 노후 준비가 부족하여 취약계층으로 전락한다. 60대 이상이 은퇴 후 생계형 창업을 시작하지만 자영업 동종업종의 과도한 경쟁에서 살아남지 못해 폐업하는 현상이 자주 나타난다.

OECD 국가별 노인 빈곤율 현황

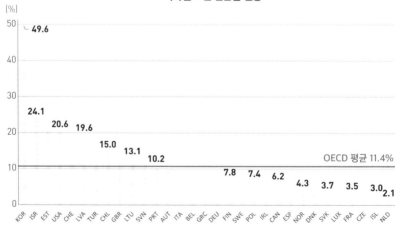

자료 : OECD(2017)

주 : OECD에서 제공하는 노인 빈곤율은 66세 이상을 기준으로 함

근심 없는 사회를 향하여

중대한 사회적 고민에 대한 해결 방안을 짧은 글에 담기란 불가능하다. 물론 긴 글에 담기도 어려울 것이다. 더욱이 단기간에 해결할 수 있는 과제도 아닐 것이다. 청년들이 사회에 진입할 여건을 조성하고 출산환경을 개선하며 사회 구성원 간 경쟁이 아닌 긍정적 참여를 독려하는 장을 만들어나가야 한다. 구성원들이 노년을 맞이하기 위해 준비할 여유를 갖고 노년이 되어도 희망 근로에 참여할 수 있도록 정책적 노력이 필요하다. 이러한 다양한 정책적 방향성보다 중요한 것은 '근심사회에 대한 근심'이 필요하다는 점이다.

근심이 있을 때 '근심 없는 사회'가 온다. 임금 문제, 수출 활로, 투자 진작 등과 같은 단기적 정책 대안 마련도 중요하지만, 장기적으로 우리 사회가 젊어지고 가야 할 짐을 덜어놓는데도 엄중한 근심이 필요한 것이다. 우리 사회는 멀리 보는 근심이 필요하다. '인무원려 필유근우人無遠慮 必有近憂' 『논어』에 나오는 공자님의 말씀이다. 사람이 멀리 생각하는 것이 없으면 반드시 가까운 데 근심거리가 있다.

07

2020년 부동산 시장 전망
: 탈동조화Decoupling

부동산 시장이 과연 잡힐 것인가? 지난 2019년 부동산 시장의 최우선 질문이었다. '금수저'만의 질문이 아니고 '흙수저'에게도 남의 이야기만은 아니다. 집을 소유한 자는 잡히지 않길 바라는 마음으로, 집을 소유하지 못한 자는 잡히기를 바라는 마음으로 이 최대의 질문을 되물으며 2019년이 지나가고 있다. 정부는 부동산 시장을 잡으려 하고 투자자들은 투자의 기회를 끊임없이 노렸다. 수도권 시장은 주춤하는가 싶더니 잡힐 줄 모르고 애꿎은 지역권 시장만 단단히 잡혀있는 듯하다. 2020년에는 부동산 시장이 어떻게 전개될 것인지를 객관적으로 진단해보자.

아파트 매매가격을 진단하기 위해서는 수요자 측 요인, 공급자 측 요인, 정책적 요인을 고루 분석해야 한다. 부동산 시장을 전망하기 위해서는 각 요인을 다각도로 분석해야 한다. 수요 측면에서는 가구 추계, 주택 구매 여력, 주택 구매 의사, 가계의 주택가격 전망 등을 고루 분석해야 한다.

공급 측면에서는 주택 건설 인허가 실적, 주택 착공 및 분양 승인 실적, 주택 준공 실적, 미분양 주택 추이 등을 분석해야 한다. 부동산 정책과 가계 부채 대책을 포함한 정책적 요인이 어떻게 수요와 공급에 영향을 미칠지도 분석해야 한다. 이러한 요인에 직간접적 영향을 주는 금리, 가계부채, 채무상환 능력 등 거시경제 분석도 담아야 마땅하다. 지면의 한계와 본서의 취지를 고려해 이 모든 과정을 축약해 2020년 부동산 시장의 주요한 특징을 탈동조화decoupling로 꼽은 근거를 분석하고 이러한 특징으로 어떻게 부동산 시장이 움직일지를 살펴보고자 한다.

2019년 하반기 부동산 시장 동향

많은 언론과 대중이 지표를 잘못 해석하는 일이 빈번하다. 대표적인 예가 가격상승률과 가격을 혼동하는 것이다. 가격상승률이 하락한 것과 가격이 하락한 것은 다르다. 가격이 '1월 100원 → 2월 110원 → 3월 120원'으로 변동했다고 가정해보자. 2월과 3월에 각각 10원씩 가격이 상승했다. 그러나 2월에는 10.0퍼센트 상승했고, 3월에는 9.1퍼센트 상승했다. 가격은 상승했는데 가격상승률은 하락한 것이다.

국민은행 주간 KB주택가격 동향 통계를 분석한 결과, 2018년 9월부터 전국 아파트 매매가격 증감률이 급속히 둔화하기 시작했고 11월 이후에는 0퍼센트 밑으로 떨어지면서 조정이 이루어졌다. 전국 아파트 매매가격은 2014년 이래로 단 한 번도 떨어진 적이 없었는데 2018년 말부터

2019년 중반까지 이례적인 일이 벌어졌다.

전셋값은 2017년 하반기부터 2018년 하반기를 제외하고 줄곧 조정되어왔다. 아파트 전세 가격 증감률이 상당 기간 마이너스를 기록했다. 필자는 강연 중에 종종 이렇게 이야기한다. "전셋값은 매매가격을 선행하는 경향성이 있다." 졸저『한 권으로 먼저 보는 2019년 경제 전망』에서 2019년 부동산 시장의 특징으로 역전세난을 강조하면서 그렇게 될 수밖에 없는 이유를 설명했다. 전세 수요가 부족해 집주인은 전셋값을 인하했지만 전세 공실이 해소되지 않아 급매를 내놓는 현상이 나타났다. 2019년 하반기까지는 전세 점유 비중이 높은 지역(주로 비수도권)을 중심으로 가격이 조정되어왔다. 자가 점유비중이 높은 지역(주로 수도권)은 거래가 발생하지 않을 뿐 가끔 발생하는 매물의 높은 호가에도 잠재 수요가 뒷받침되면서 거래가 이루어졌고, 이에 따라 가격이 상승했다.

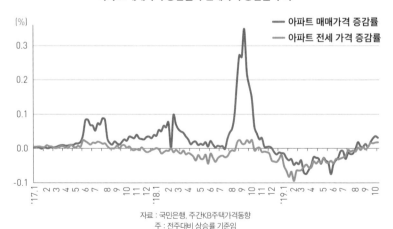

아파트 매매가격 증감률과 전세가격 증감률 추이

자료 : 국민은행, 주간KB주택가격동향
주 : 전주대비 상승률 기준임

주택시장 안정화?

문재인 정부의 부동산 정책 기조는 '주택시장 안정화'에 초점을 두고 있다. 주택시장 안정화란 주택 매매가격을 완만히 하락하게 만드는 것을 말한다. 현재의 부동산 시장이 과열된 것으로 진단하고 소위 '가진 자'들은 더 부유해지고 '못 가진 자'들은 더 가난해지는 구조에서 탈피해야 한다는 분배 정책의 관점을 기초로 하고 있다.

정부는 투기 지역을 지정하고 분양 대상을 실거주자 중심으로 유도하며 대출 규제를 강화하는 등의 정책을 제시했다. 실거주 목적이 아닌 투자 수요를 억제하여 부동산 매매가격을 안정화하고자 하는 방향성이 뚜렷하게 나타났다. 서울 강남권을 중심으로 수도권의 부동산 매매가격이 잡히지 않자 최근 초과이익 환수제나 새로운 재건축 규제 등을 도입하기에 이르렀다. 과도한 대출에 의존해 주택을 매수하려는 투자 수요를 억제하고자 가계부채 대책도 강화했다. 결국 주택 매매가격을 안정화시키고 청년, 신혼, 고령층 맞춤형 임대주택을 늘리고자 하는 것이다.

문재인 정부의 부동산 정책 기조를 이해할 수 있는 주요 정책 발표에는 2017년 8월에 발표된 8·2대책(실수요 보호와 단기 투기수요 억제를 통한 주택시장 안정화 방안)과 2018년 9월에 발표된 9·13 대책(주택시장 안정대책)이 있다. 주택시장 안정화를 이루기 위한 정책 수단은 크게 두 가지로 나뉜다. 첫째, 투기수요 차단 및 실수요 중심의 시장 유도, 둘째, 실수요와 서민을 위한 공급 확대다. '내 집 마련' 목적의 실수요 외에 수요를 줄이고 실수요자를 위한 공급을 확대하는 것이 정책 방향의 주요 골

자다. 수요를 둔화시키고 공급을 확대하니 부동산 정책 측면에서는 주택 매매가격에는 부정적 영향이 미칠 것으로 보인다.

9·13 부동산 대책 주요 내용

> 종합부동산세 인상 등 세제 강화

> 담보 대출 규제 및 강화

> 주거 안정 및 조세 정의 구현

□ 최고 세율 : 2.8% ⇨ 3.2%
□ 실거주 목적 외, 담보대출 규제
□ 투기 지역 임대사업자, LTV 40%로 강화
□ 수도권 공동택지, 30만호 공급

자료 : 국토교통부(2018.9.13.) 주택시장 안정대책

분양가 상한제 적용될까?

2019년 하반기 부동산 시장의 최대 이슈는 단연 '분양가 상한제 적용 여부'다. 국토교통부는 2019년 8월 12일 '민간택지 분양가 상한제 적용 기준 개선 추진'을 발표했다. 투자 수요가 집중된 강남권 재건축 지역 등의 투기과열 지구를 중심으로 분양가 상한제를 적용하고 분양 주택의 전매 제한기간을 최대 10년으로 확대한다는 방침이다. 2019년 10월 초까지 '주택법 시행령'을 개정하여 이를 추진할 계획이었다.

향후 분양가 상한제의 적용을 둘러싼 충돌이 예상된다. 매매가격 자

체를 제한하는 본 정책은 그 영향이 상당하고 다양한 이권 갈등이 존재하기 때문이다. 사유재산 제도에 위배된다는 입장을 밝히는 재개발·재건축 단지 조합원들의 대규모 시위가 확산되고 전문가들 사이에서는 위헌 논란이 커지고 있다. 정치권에서는 야당의 반대가 강력하다. 정부 내에서도 국토교통부 김현미 장관과 다른 목소리가 더해지고 있다. 이낙연 총리는 8월 "부동산 시장의 움직임을 봐 가면서 가장 좋은 시기에 가장 좋은 지역을 대상으로 실시하겠다"라고 발언했다. 분양가 상한제의 적용 시기와 지역을 조율해 전격적인 일괄 시행은 위험하다는 지적이었다. 홍남기 경제부총리 겸 기획재정부 장관 역시 "(분양가 상한제) 작동 시기는 국토교통부가 독자적으로 판단할 문제가 아니고… 관계 장관 회의에서 논의할 것"이라고 설명했다. 부작용을 고려해서 적절한 시기를 결정하겠다는 취지의 발언이었다.

분양가 상한제는 적용 시점이 다소 지연되고 적용 대상 지역도 '일괄적'이 아닌 '점진적'인 방향으로 조정될 것으로 전망한다. 분양 상한제가 적용되면 '민간 신규 아파트의 분양가'는 현재의 분양가 시세에서 70~80퍼센트 수준까지 내려갈 것으로 보인다. 분양 가격이 낮아지는 만큼 재건축·재개발 사업의 수익률이 감소하기 때문에 중장기적으로 공급 물량이 줄면서 부동산 시장이 다시 급등하는 등 교란의 우려가 상당하다. 재건축 수익률이 떨어지면 사업을 포기하는 조합이 늘어나고 시행을 맡은 건설사도 참여를 망설이기 때문이다.

여러 지역의 경제가 침체하고 수도권 외곽과 지방에는 미분양 물량이 지속해서 누적되고 있으므로 주택 건설 인허가 실적이 감소하고 있다.

9·13 대책에 이은 분양가 상한제 확대 등 굵직한 규제가 부동산 시장에 이어지면서 오히려 부동산 양극화를 초래하고 '일시적 조정 후 몇 년 후 급등' 현상을 양산할 것이다.

주택 건설 인허가 실적 추이

자료 : 국토교통부, 한국건설산업연구원(2019.7)

역전세난 우려 완화

2019년 부동산 시장의 주요한 이슈는 '역전세난'이었다. 2013년부터 2017년까지 전세공급 부족 현상이 가속화되면서 '전세난'이 심각했다. 해당 기간 주택 매매가격이 급등하면서 아파트 분양 물량이 급증했다. 해당 기간 가격 상승세를 노린 투자자들이 적극적으로 매수했고 '전셋집 찾기가 하늘의 별 따기'라고 느낀 많은 가계는 전세에서 '내 집 마련'으로 이동했다. 투자자들이 매수했으니 전세 공급이 늘었고 전세에서 내 집 마련으로 이동했으니 전세 수요가 줄었다. 전세 공급이 늘고 전세 수요가 줄었으니 역전세난이 온 것이다. 일부 지역에서는 집주인이 세입자를 구하지 못하는 곳이 늘어났다.

2019년 하반기부터 역전세난이 다소 해소되고 있다. 전세수급지수가 2019년 중에 100p를 밑돌았지만, 반등하며 상승세로 전환되었다. 다시 전세 공급 부족 현상이 나타나기 시작했다고 해석할 수 있다. 전국의 평균적인 지표가 그렇지만 지역별로 매우 다른 움직임이 나타날 것으로 전망한다. 특히 산업 구조조정이 본격화된 지역을 중심으로 공실을 해소하지 못하고 급매나 매각 물건이 확대될 것이다. 상대적으로 수도권은 매매

전세 수급지수 추이

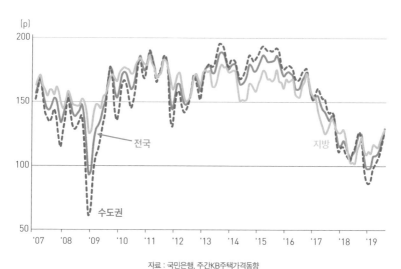

자료 : 국민은행, 주간KB주택가격동향
주1 : 전세수급지수=100+공급부족−공급충분
주2 : 0~200 이내의 값을 가지며, 100을 상회하면 '공급부족 현상'을 나타냄

는 활발하지 않지만 수요가 뒷받침되고 저금리 혜택 등을 받아 매매가격이 조정되지 않는 견고한 흐름을 보일 것으로 전망된다. 분양가 상한제의 적용과 각종 부동산 규제 이행에 따라 차이가 있지만, 단기간에는 수도권 주택 가격 상승세가 잡히는 효과가 나타나지만 중기적으로는 상승세를 이어갈 것으로 보인다. 미분양 주택 추이를 보면 그 현상을 더욱 정확히 읽을 수 있다.

미분양 주택이 2008년 12월 16.6만 호에서 2015년 8월 3.2만 호로 크게 감소하였으나 이후 증가하여 2015년 12월 6.2만 호를 기록했다. 2016년 이후에는 그 수준을 줄곧 유지하고 있다. 주목할 만한 점은 수도권은 미분양주택이 크게 해소됐지만, 비수도권의 미분양 주택이 증가했다는 점이다. 2016년부터 수도권 아파트 매매가격이 크게 상승했지만 비수도권은 하락해온 현상이 미분양 주택 추이를 통해 확인할 수 있다.

정부는 실거주 목적의 실수요자를 중심으로 주택 공급을 확대하는 정책 기조를 유지하고 있다. 물론 분양가 상한제 적용에 따라 건설사들은 주택 공급을 이전 수준으로 확대하진 않을 것으로 보인다. 전술했듯 주택 건설 인허가 실적 추이를 보면 이 부분은 명확히 드러난다. 따라서 미분양 주택이 급격히 늘거나 줄지 않은 채 지금과 같은 수준을 유지해 나갈 것이다. 이로 인해 비수도권의 완만한 가격 조정과 수도권의 가격 유지 또는 완만한 상승 기조가 나타나는 지역 간 탈동조화 현상이 나타날 것이다.

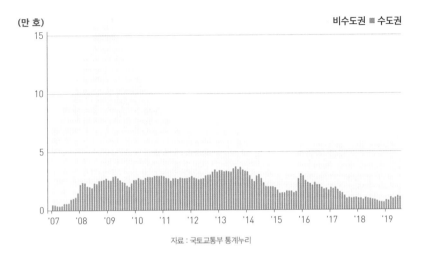

지역별 미분양 주택 추이

(만 호)

비수도권 ■ 수도권

자료 : 국토교통부 통계누리

2020년 아파트 매매가격 전망

2019년까지는 전국 평균 주택 매매가격이 조정되는 흐름을 보였다. 2017년과 2018년에는 기준금리를 한 차례씩 인상하면서 부동산 가치를 하락시켰다. 2019년까지 이어져온 강도 높은 부동산 대책은 부동산 투자 심리를 크게 위축시켰다. 실제로 서울과 수도권에도 단기간이지만 매매가격이 하락하는 현상이 나타났다. 이에 가계의 심리적 주택 가격 전망을 확인할 수 있는 지표인 '주택 가격 전망 CSI'는 2019년 상반기에 크게 조정되었다. 이후 회복되면서 2019년 중반에는 긍정적인 전망으로 전환되었다.

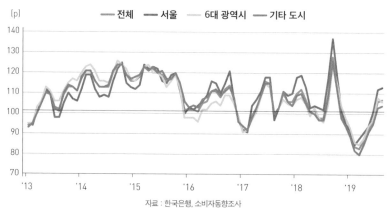

주택 가격 전망 CSI

(p)
— 전체 — 서울 6대 광역시 — 기타 도시

자료 : 한국은행, 소비자동향조사
주 : 한국은행이 전국 2,500가구를 대상으로 매월 실시하는 조사로, 1년 후 주택 매매가격이 현재와 비교하여
어떻게 될 것으로 예상하는지에 대한 설문응답 자료로 산출함

　　전국의 평균적인 아파트 매매가격은 2019년 말까지 내림세가 지속되고 있다. 이러한 추세는 지역권의 가파른 내림세가 반영되었을 뿐 수도권은 다른 모습을 보인다. 이러한 흐름은 2020년에도 지속할 것으로 전망된다. 지역별 탈동조화 현상은 2020년 부동산 시장의 키워드가 될 것이다.

　　지역권의 아파트 매매가격 지수는 2016년부터 둔화하기 시작했고, 2017년 하반기부터 내림세가 뚜렷하게 나타나고 있으며 2019년에는 내림세가 상대적으로 가파르게 나타났다. 산업 구조조정이 본격화된 지역을 중심으로 주택 매매가격이 조정된 것이다. 2019년에는 가계의 부동산 매수 심리가 크게 위축되면서 재건축 등의 특수가 없는 지역권을 중심으로 매매가격이 조정되었다. 수요가 뒷받침되지 못하는 지역에는 전셋값이 먼저 조정됨에 따라 흔히 말하는 '갭투자자들'의 매도세가 증폭되어 가격 조정까지 이어진 것이다. 2020년에도 지역권 부동산 시장이 뚜렷하게 회복될 만한 요소가 없어 이러한 흐름이 지속할 것이다.

수도권의 경우 탄탄하게 수요가 뒷받침되는 특징으로 인해 가격의 조정보다는 '거래 둔화'로 이어져왔다. 지역권에서는 세입자를 찾지 못하는 투자자들이 급매를 내놓으면서 가격이 조정되었지만 수도권에서는 자가에 거주하는 실거주자가 집을 내놓지 않고 있다. 2020년에도 자가 점유 비중이 높은 수도권의 경우, 가격이 내려가더라도 '눌러앉자'라는 심리가 지배하면서 거래가 줄어들 뿐 수요층의 호가만 상승하는 현상이 지속할 것으로 보인다. 매매는 크게 줄어들지만 종종 체결되는 매매계약은 가격이 완만하게 상승하는 추세를 연출할 것이다. 더욱이 정부가 위축된 건설 투자를 회복시키기 위해 대규모 SOC 투자를 집중할 예정이다. 수도권 신도시 지역과 서울의 미개발 지역을 중심으로 GTX 등 대규모 교통시설이 들어서고 다양한 지역 인프라가 확충되는 과정에서 가치가 상승하는 현상이 나타날 전망이다.

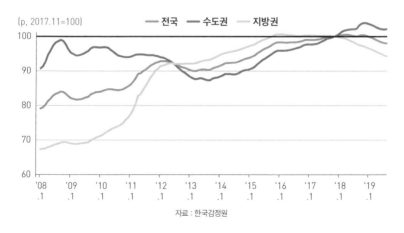

아파트 매매가격 지수 추이

자료 : 한국감정원

탈동조화에 어떻게 대응해야 하는가

부동산 정책은 과도한 규제에서 탈피해야 한다. 잡으려 한다고 잡히지 않는 것이 부동산이다. 정책이 의도한 방향대로 시장이 움직이지도 않는다. 자연스럽게 '보이지 않는 손'에 따라 시장이 움직일 수 있도록 해야 한다. 부동산 가격에 영향을 미치는 요소가 수없이 많고 정책은 그중 일부에 불과하다. 의도적으로 부동산 가격을 조정하려는 정책은 시장을 오히려 교란한다. 가격은 잡으려 해도 안 되고 잡아서도 안 된다. 가격은 시장에 맡겨야 한다. 애꿎은 지역권 부동산 가격만 더 잡히고 있는데 이게 정부가 의도한 현상인가? 정책은 불법적 요소를 막고 악성 투자자들의 사기 및 범죄로 취약한 세입자들이 부당한 상황에 놓이지 않도록 하는 데 집중되어야 할 것이다. 저소득층이 가격을 지급할 수 있도록 고용 여건을 개선하고 청약 요건을 정밀히 하며 금융 지원을 강화하는 방향으로 선회할 필요가 있겠다.

부동산 시장의 대전환기에는 건설사의 경영 전략에도 대전환이 필요함을 강조하지 않을 수 없다. 건설사들은 국내 건설보다 해외 건설사업을 중심으로 포트폴리오를 조정할 필요가 있다. 해외직접투자가 집중되는 아시아 유망 신흥국을 중심으로 신시장을 적극적으로 개척해나가야 한다. 국내 건설 사업도 주택 건축보다는 토목 사업에 비중을 두어야 한다. 2020년 계획하고 있는 정부의 SOC 사업에서도 다양한 기회를 찾아야 한다. 기존의 건설 외에 다양한 영역의 사업 다각화 방안을 모색할 필요가 있다. 지능형 교통시스템Intelligent Transportation System, ITS, 스마트 시티, 스마트 빌딩, 스마트 홈 등 유망 산업으로 진출하기 위해 적극적으로 투자하고 기술 도입 및 인수·합병을 시도하는 것도 대전환기의 주요한 고려사항이다.

부동산 시장의 대전환기 앞에 놓인 가계(대부분의 독자 여러분)는 실수요자인지 투자자인지 따라 차별화된 투자의사 결정을 내려야 한다. 자가를 소유하지 않은 실수요자들은 적극적으로 주택분양을 시도할 필요가 있다. 기존 주택을 매매하는 것이 아니라 '청약을 통한 신규주택 분양'임을 강조한다. 유례없는 저금리로의 전환과 부동산 정책의 혜택이 실거주 목적의 가계에 집중될 것이기 때문이다. 기존 주택을 거래하는 가격보다 상대적으로 저렴한 주택을 소유할 기회가 찾아올 것이기 때문에 청약통장 개설 등 기본적인 준비를 해야 한다. 주택구매 실수요자의 경우, 정책 지원을 적극적으로 활용할 필요가 있다. 실수요자들을 대상으로 장기 저리의 금융 지원이나 실수요자 중심의 신규주택 분양 및 취약계층 공공주택 등의 기회를 활용하기 위해 다양한 부동산 후속 대책을 적극적으로 모니터링해야 한다.

투자자들은 더욱 세심한 투자가 필요하다. 투자자들은 수도권과 비수도권과의 부동산 시장 탈동조화 현상에 유의해야 한다. 부동산 시장과 관련된 기사가 나올 때, 전국인지 아니면 수도권이나 강남 3구인지를 명확히 구분해서 체감할 필요가 있다. 즉 강남 3구 가격이 급등했다는 정보를 전국 가격으로 잘못 이해하는 일이 없도록 유의해야 한다. 지역 간의 다른 흐름이 명확하게 전개될 것이기 때문이다. '전국 평균 아파트 매매가격'이라는 거시지표보다는 지역적 특성을 자세히 살피는 시도가 중요하

다. 투자에 관심 있는 지역의 경우, 자가점유 비중이 높은 지역인지 교통·
교육 인프라나 생활 편의시설이 향후 어떻게 개선될 것인지 등을 꼼꼼히
비교하면서 투자 의사를 결정해야 한다.

3 부

2020년
산업의
주요 이슈

2020

01

디지털 트랜스포메이션Digital Transformation, 콘셉트에서 액션으로

날씨가 궁금하거나 미세먼지 상태를 확인할 때, 유명 연예인의 일상이 궁금할 때, 우리는 신문을 보기보다 포털 검색을 이용한다. 신문에서 포털로 정보탐색의 디지털 트랜스포메이션이 일어난 것이다. 30년 전만 해도 자동차 속에 반드시 있었던 물건, 지도책. 이제 지도책은 사라지고 네비게이션이 있다. 길 찾기의 디지털 트랜스포메이션이 일어난 것이다. 우는 아이를 달랠 때도 딸랑이를 이용하기보다 유튜브에 의존한다. 육아의 디지털 트랜스포메이션이 일어난 것이다. 디지털 트랜스포메이션은 먼 데 있는 것이 아니라 우리의 삶 속에 있다. 우리의 삶이 아날로그에서 디지털로 전환되고 있다.

소비자의 구매가 아날로그에서 디지털로 전환되고 있음을 인식한 앞선 기업은 이 사태에 어떻게 대응해야 할지를 모색해왔다. 필자는 『경제 읽어주는 남자의 디지털 경제지도』를 통해 국내외 기업이 디지털 기술을 도입해 디지털 트랜스포메이션을 시도한 수많은 사례를 제시했다. 그동안엔 앞선 기업들Digital Leaders은 디지털 기반의 새로운 비즈니스 모델을 구상하고(콘셉트), 실제 구체적인 새로운 서비스를 제공(액션)해왔다. 2019년까지는 이에 대응하고자 하는 기업들이 디지털 트랜스포메이션을 캐치프레이즈로 내걸고 어떻게 대응할지 상당한 수준의 구상을 진행해왔다. 2020년은 정교한 비즈니스 모델과 새로운 서비스를 소비자에 제공할지에 관한 구체적 액션을 진행하는 시점이다. 2020년은 디지털 트랜스포메이션이 콘셉트에서 액션으로 본격적인 전개가 펼쳐지는 전환점이 될 것이다.

디지털 트랜스포메이션의 배경

유치원에서 사용하는 교재는 인쇄한 책이 아니다. 태블릿 PC와 같은 디지털 기기다. 2019년부터 초등학교 3학년 이상은 디지털교과서로 학습한다. 디지털 교과서는 서책형 교과서 내용 외 용어사전, 멀티미디어 자료, 평가 문항 등 풍부한 학습 자료와 관리 기능을 탑재하고 가상현실VR, 증강현실AR기술을 접목한 실감형 콘텐츠까지 제공하여 학습효과를 높일 수 있는 것이 큰 장점이다. 교육부는 디지털교과서가 학교 현장에 적극적으로 활용될 수 있도록 2021년까지 전국의 모든 초·중학교에 무선 인프라를 확충할 계획이다. 처음부터 디지털 세상에 태어난 이들을 디지털 원주민Digital Natives라고 칭한다.

디지털 교과서 연차적 개발적용 계획

학년(군) \ 학년도	'17	'18	'19	'20	'21
초등 3~4(사회/과학/영어)	개발	적용	→	→	→
초등 5~6(사회/과학/영어)	–	개발	적용	→	→
중 1(사회/과학/영어)	개발	적용	→	→	→
중 2(사회/과학/영어)	–	개발	적용	→	→
중 3(사회/과학/영어)	–	–	개발	적용	→

자료 : 교육부

한편 아날로그 세상에 태어났지만 디지털 세상에 적응해온 세대가 있다. 그 세대를 아날로그 세상에서 디지털 세상으로 이주해 왔다고 하여 디지털 이민자Digital Immigrants라고 부른다. 그들은 지도책이 아닌 스마트폰 지도 앱을 이용하고 시계 알람이 아닌 스마트폰 알람을 이용한다. 부동산 정보를 공인중개사무소에 물어보는 것이 아니라 온라인 부동산 플랫폼을 이용한다. 디지털 이민자는 주로 30~40대가 중심이었으나 2020년 이후 50~60대까지 확대될 것이다.

이제 소비자가 디지털 원주민이거나 디지털 이민자이다. 소비자가 변화했으니 기업도 변화해야 한다. 아날로그식 서비스와 제품 공급이 아니라 디지털 기반의 서비스를 확대해야 한다. 기업을 대면 서비스 방식을 비대면 서비스 방식으로 전환하고 오프라인 채널에서 온라인 채널로 제품 공급 방식을 전환해야 한다. 이러한 기업의 움직임을 디지털 트랜스포메이션이라고 한다.

디지털 트랜스포메이션은 빅데이터, 로봇, 블록체인, 클라우드, 인공지능, 사물인터넷, 가상·증강현실 등 4차산업혁명의 기반 기술들을 활용하

168

여 기업이 전략과 비즈니스 모델을 전환하고 경쟁력을 강화하게 한다. 농축산업에서는 스마트팜, 제조업에서는 스마트팩토리, 유통업에서는 키오스크를 도입하는 것이 대표적인 예다. 디지털 경제Digital Economy로 변모하고 있는 지금, 주도권을 잡고 이를 선도하려는 기업의 움직임이 다양하게 나타나고 있다.

금융 산업의 디지털 트랜스포메이션

디지털 트랜스포메이션이 가장 두드러지게 나타나고 있는 산업 중 하나가 금융이다. 최근 금융 산업은 영업 점포를 줄여나가고 있다. 국내 은행 영업 점포는 2015년 7,325개에서 점차 감소해 2019년 1분기 기준으로 6,931개를 기록하고 있다. 국내 은행뿐만 아니라 생명보험과 손해보험 점포도 지속적으로 감소하고 증권사 국내 지점도 2016년 이후 감소세가 지속되고 있다.

　디지털 금융 서비스 의존도가 늘어나면서 소비자가 점포 방문을 통한 대면 서비스 수요를 줄이고 있다. 이러한 추세와 맞물려 금융 기업은 영업 지점 및 직원 수를 줄이고 있다. 이른바 금융 산업의 '자산 경량화' 추세가 가속화되고 있다.

　금융 산업 내 영업 점포가 줄어들고 있는 동안 금융 산업의 (생산)규모는 오히려 증가했다. 이는 은행 서비스의 규모가 줄어든 것이 아니라 대면 서비스가 줄어든 것이고 디지털 기술에 기반을 둔 비대면 서비스는 지

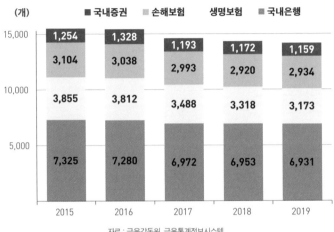

주요 금융사 영업 점포 현황

(개)　　　■ 국내증권　　■ 손해보험　　생명보험　　■ 국내은행

	2015	2016	2017	2018	2019
국내증권	1,254	1,328	1,193	1,172	1,159
손해보험	3,104	3,038	2,993	2,920	2,934
생명보험	3,855	3,812	3,488	3,318	3,173
국내은행	7,325	7,280	6,972	6,953	6,931

자료 : 금융감독원, 금융통계정보시스템

속적으로 늘어나고 있음을 방증한다. 금융 소비자의 업무 처리 현황을 보면, 입출금 거래 시 대면 거래를 하는 비중이 2005년 26.3퍼센트에서 2019년 1분기 8.6퍼센트로 축소했다. 텔레뱅킹이나 CD, ATM 의존도 역시 축소하고 있다. 인터넷뱅킹 의존도는 같은 기간 18.6퍼센트에서 55.0 퍼센트로 가파르게 증대했다.

　　비자 카드는 위치 기반 빅데이터에 기반을 두어 마케팅 효과를 극대화했다. 이는 고객의 소비 빅데이터를 활용해 소비 행태를 분석하고 향후 예상 경로 및 소비를 예측하는 시스템으로 고객에게 맞춤화된 쿠폰을 발송해주는 시스템을 구축한 대표적인 사례다. 모든 고객에게 똑같은 쿠폰 및 서비스를 제공했던 기존 모델과 차별화된 서비스를 제공하기 시작한 것이다.

입출금 거래의 채널별 업무 처리 비중

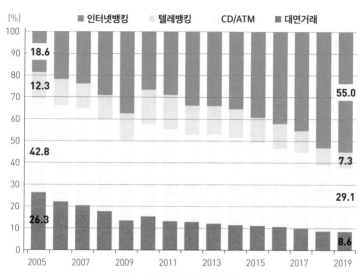

[%]
■ 인터넷뱅킹　■ 텔레뱅킹　CD/ATM　■ 대면거래

18.6
12.3
42.8
55.0
7.3
29.1
26.3
8.6

2005　2007　2009　2011　2013　2015　2017　2019

자료 : 한국은행, 지급결제(전자금융통계)
주 : 2019년은 1분기 기준임.

비자 카드의 빅데이터 기반 소비 성향 예측

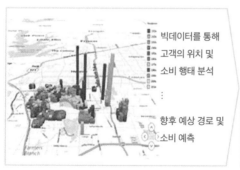

빅데이터를 통해
고객의 위치 및
소비 행태 분석
:
향후 예상 경로 및
소비 예측

고객별 맞춤형 쿠폰 발송

자료 : 비자 카드

필자가 특허청 한국발명진흥회 심사위원 활동을 하면서 만났던 인상 깊은 기술이 있다. 씨앤테크라는 스타트업은 은행 산업에 돌풍을 일으켰다. 부동산 담보나 3년 이상의 매출 실적이 없는 스타트업은 은행에서 대출을 받아 자금을 마련하기가 상당히 어려웠다. 때문에 좋은 기술이나 아이디어가 있어도 사업화하기가 쉽지 않았다. 중소기업도 대출을 받기 쉽지 않았다. 중소기업이 보유한 자산은 주로 생산 장비 등이었는데 훼손이나 분실의 우려로 은행이 동산 담보 대출을 꺼려왔다. 씨앤테크의 사물인터넷을 활용한 원격 동산 담보 관리시스템은 은행 담당자가 동산 현장을 방문 점검해야 하는 불편을 줄였고, 자금난을 겪는 중소기업에는 숨통을 틔워주었다. 부동산 담보에 치우쳐 있던 기존 기업 여신 제도가 개선되고 기술력이나 성장 잠재력이 높고 자금 여력이 부족한 기업을 육성하는 데 혁신적인 기여를 하고 있다. 모든 국내 은행은 동산 담보 관리시스템을 도입했고 2020년에 많은 홍보가 이루어지면서 동산 담보 대출 규모가 급증할 것으로 전망한다.

2020년에는 무인 은행이 등장할 것이다. 무인 서점, 무인 카페, 무인 편의점, 무인 마트가 등장했지만 무인 은행은 불가능하다고 주장하는 전문가들이 있다. 이들은 '신분 확인 및 인증'과 '상담 서비스'라는 한계로 무인 은행이 불가능할 것으로 예측한다. 그러나 2019년에는 '신분 확인 및 인증'이 기술로 가능함을 보여준 사례가 등장했다. 중국을 대표하는 은행 중 하나인 중국농업은행Agricultural Bank of China, ABC은 바이두Baidu가 개발한 안면인식 기술facial recognition technology을 활용한 ATM을 도입했다. 2020년에는 얼굴, 목소리, 홍채, 지문, 정맥 등 생체인식 기술을 중첩적으로 적용해 비대면 신분 확인 서비스가 상용화될 것으로 보인다. 저자는 국내 공항을 이용할 때 신분증을 지참할 필요가 없다. 저자가 특별한 사람이라서가 아니라 정맥과 지문을 등록했기 때문이다. 생체인식 기술을 도입해 개인 인증을 처리하는 서비스는 보편화될 것으로 보인다.

상담 서비스도 인공지능 챗봇이 담당할 것으로 보인다. 문자 챗봇을 넘어 음성 챗봇과 다국어 챗봇까지 등장했다. 영국의 냇웨스트NatWest 은행은 자체 개발한 인공지능 챗봇 코라Cora를 개발해 테스트를 진행했다. 소프트뱅크SoftBank는 로봇 형태의 챗봇에 이어서 모니터 속의 아바타형 디지털 챗봇을 개발했고 은행 직원의 업무를 대신 수행하고 있다. 2020년에는 신분 확인 및 인증과 상담 서비스가 가능한 실감형 키오스크의 형태로 무인 은행 서비스가 등장할 것이다. 우리은행은 화상상담이나 바이오인증 시스템 등을 통해 평일 저녁이나 주말, 공휴일에도 신규 통장이나 체크카드를 발급받을 수 있는 '위비 키오스크'를 도입해 86곳의 탄력 점포를 운영 중이다.

유통산업의 디지털 트랜스포메이션

향후 언택트 서비스Untact Service가 보편화될 전망이다. 언택트는 접촉을 뒬하는 콘택트Contact에 부정어Un가 합쳐진 신조어로 비대면, 비접촉을 뜻한다. 최근 유통산업의 디지털 트랜스포메이션돌풍을 불러온 기술은 키오스크라고 해도 과언이 아니다. 2020년에는 키오스크가 고도화되고 대형 외식 프랜차이즈뿐만 아니라 소상공인에게까지 보편화될 것으로 전망된다. 소비자들도 키오스크 사용에 익숙해지고 점원을 통하는 것보다 키오스크를 더 선호할 것으로 보인다. 또한 다양한 생체인식 기술을 적용하면서 무인 결제시스템이 보급될 것이고 스타벅스가 선보인 사이렌 오더 기능처럼 점원을 만나지 않는 언택트 서비스가 급증할 전망이다. 이러한 현상은 오프라인 소비임에도 불구하고 온라인에서 결제를 진행하는 O2O 서비스Offline to Online service처럼 급격한 속도로 확대될 것이다.

이제 사용자경험User Experience, UX이 기업의 최대 고민거리가 될 것이다. 온라인으로 소비를 옮겨간 소비자에게 어떻게 하면 제품과 서비스를 미리 체험하게 할 수 있을까? 일본의 안경 브랜드 진스Jins는 가상·증강현실과 인공지능 및 빅데이터를 결합한 진스브레인 서비스를 제공하고 있다. 워너비WANNABY라는 스타트업은 증강현실 기술을 사용해 신발을 미리 신어보거나 매니큐어를 칠해보고 반지를 착용해보고 구매를 진행할 수 있는 플랫폼을 개발해 세계적으로 주목을 받고 있다. 이케아는 가구를 미리 보고 구매할 수 있도록 플랫폼을 도입했으며 수많은 패션 기업은 옷을 입어 보고 구매하고 화장품 기업도 화장을 해보고 구매할 수 있도록 하는 사용자경험 중심의 시스템을 개발 중이다. 2020년에는 유통사의 사용자경험 경쟁이 치열할 것으로 보인다.

월마트Walmart는 최근 생체인식 카트 시스템이라는 새로운 특허를 발명, 발표했다. 카트의 핸들을 잡으면 심장 박동수, 온도 변화, 속도 변화, 힘의 변화 등을 감지해 고객의 불만이 가장 많은 지점은 어디인지, 무엇을 도와야 하는지, 매장을 어떻게 조정해야 하는지를 알 수 있는 기술이다. 월마트는 최근 지능형 매장 실험 프로젝트를 공개했다. 인공지능 카메라, 대화형 디스플레이, 대규모 데이터센터를 설치해 실시간으로 상품의 진열과 재고 상태를 분석한다. 이는 고기, 생선, 채소와 같은 신선식품의 진열대를 관찰하면서 고객이 원하는 제품을 끊김 없이 가장 좋은 상태로 공급하는 데 활용한다.

금융 산업과 유통산업 외에도 전 산업에 걸쳐서 디지털 트랜스포메이션이 본격화되고 새로운 비즈니스 모델과 서비스를 제공하기에 이를 것이다. 드론을 활용하는 건설업, 블록체인을 도입하는 물류 서비스, 빅데이터에 기초한 이동서비스, 스마트 팩토리를 도입한 제조업뿐만 아니라 스마트 홈, 스마트 가전 등 우리의 일상도 디지털로 전환될 것이다.

디지털 트랜스포메이션을 선도하라

IT 기업의 금융 산업 진출이 가속화되고 산업 간의 경계가 허물어지는 상황에서 기업은 강력한 플랫폼을 구축해나가야 한다. 기업은 적어도 주 플랫폼의 이동을 읽어나가며 플랫폼을 활용하는 시도를 적극적으로 진행해야 한다. 많은 기업이 앞다퉈 유튜브 채널을 구축하고 다양한 양질의 콘텐츠를 게재하고 있는 모습은 범용화된 플랫폼을 활용하는 시도다.

기업은 자사의 사업 포트폴리오 등을 기초로 디지털 트랜스포메이션을 이끌 핵심 기반 기술과 지능을 포착하고 도입해야 한다. 빅데이터를 사고파는 시대가 열렸기 때문에 어떤 빅데이터를 활용할지 고민하고 소비자에게 새로운 맞춤화 서비스를 제공할 수 있을까를 논의해야 한다. 다양한 기술 기업과 파트너십을 강화하고 R&D 지원 및 M&A를 적극적으로 검토할 필요도 있다. 산업, 제품, 기술이 급속한 속도로 변화하고 있으므로 유연한 조직문화를 구축하여 변화를 선도하는 기업으로 도약할 필요도 있다.

정부는 기업이 디지털 트랜스포메이션 분야에 새로운 투자를 단행할 수 있도록 적극적인 규제 완화 조치와 지원책을 마련해야 한다. 2018년부터 이어지고 있는 경기 하강 국면의 핵심 사항은 '투자'에 있다. 투자를 진작시켜 경제를 선순환시키는 노력이 정책적으로 집중되어야 할 시점이다. 기업이 디지털 트랜스포메이션에 대한 투자를 적극적으로 시도해 신성장 동력 산업으로 진입할 수 있도록 다양한 유인책을 제시할 필요가 있다. 디지털 경제에서는 국경이라는 의미가 사라지기 때문에, 디지털 경쟁력을 갖추지 못한 기업은 세계적인 플랫폼 기업(아마존, 유튜브, 구글, 알리바바, 우버 등)에 시장을 내주기가 쉬울 것이다. 스타트업들이 세계를 선도하는 플랫폼과 기술을 제안하고, 기업들이 해당 플랫폼과 기술을 활용하는 기술 순환구조를 구축해야 한다.

가계도 디지털 트랜스포메이션이라는 거대한 전환을 중요한 신호로 인식해야 한다. 투자의 관점에서도 디지털 트랜스포메이션을 선도하는 기업에 집중한다면 장기적으로 유망한 투자처를 찾을 수 있다. 청년이라면 유망한 분야에서 어떠한 경력을 쌓을지 고민하고 어떠한 능력을 배양할지를 계획하는 데 참조한다. 부모라면 자녀를 미래의 인재로 육성하기 위해 어떠한 역량을 함양할 수 있도록 기회를 제공할 것인지 판단하는 데 참조해야 할 것이다. 디지털 트랜스포메이션이라는 거대한 전환은 거스를 수 없는 파도와 같다. 거대한 파도의 흐름을 잘 이해하고 파도를 탈 수 있다면 불확실한 미래는 장밋빛 희망으로 다가올 것이다.

02

2019년 '최초의 5G 국가'에서
2020년 '최고의 5G 국가'로

최초의 5G 국가는 모종의 상륙작전으로 시작되었다. 또한 5G 상용화는 과학기술정보통신부(과기정통부)의 제안으로 기습적으로 이루어졌다. 미국 버라이즌이 5G 상용화를 4월 11일에서 4일로 앞당길 계획을 전하자 과기정통부는 이동통신 3사와 삼성전자에 서비스 개통 일정을 앞당길 것을 제안했다. 일반적으로는 개통이 안 되는 밤 11시에 마치 상륙작전처럼 5G 1호 가입자들이 5G를 개통했다. SK텔레콤은 김연아뿐만 아니라 아이돌 그룹 엑소의 백현과 카이를 대상으로 5G를 상용화하면서 '최초의 5G 국가'를 세계에 알렸다.

'최고'는 바뀌지만 '최초'는 바뀌지 않는다. 과기정통부는 "5G 스마트폰 출시, 서비스 이용약관 마련 등 상용화 준비가 예상보다 조기에 완료된 상황에서 정부와 이동 3사, 제조사 등 관련 업계는 5G 상용화 시점을 더 늦출 필요가 없다는 취지에 공감했고, 이에 우리나라의 5G 상용화 시점도 애초 계획보다 이틀 앞당길 수 있다"라고 입장을 밝혔다.

5G는 간단히 말하면 통신환경의 변화를 뜻한다. 1세대 이동통신을 뜻하는 1G는 처음으로 무선 전화 통화가 가능하게 했다. 2G는 문자 메시지를, 3G는 인터넷 사용을 가능하게 했다. 이른바 스마트폰의 시대가 도래한 것이다. 4G는 휴대폰으로 동영상을 볼 수 있게 했다. 5세대 이동통신을 뜻하는 5G의 최대 속도는 20Gbps에 달해 4G보다 20배가량 전송속도가 빠르고 8GB 영화를 6초 안에 내려받을 수 있다. 빅데이터를 끊김없이 실시간으로 주고받고, 전력 소모량도 크게 줄어 사물인터넷 환경에서 필수적인 이동통신의 형태라 할 수 있다.

최초를 선택했지만 잃어버린 신뢰

최초의 금속활자, 최초의 전기, 최초의 우주여행… 최초는 그 자체로 상당한 의미가 있지만 최고가 되기 위한 숙제가 남는다. 한국은 서둘러 최초가 된 탓에 5G 인프라 등이 완벽하게 준비되지 못했다. 5G가 상용화된 지 한 달 만에 약 26만 명의 가입자를 끌어모았지만 서비스 불편과 불만이 터져나왔다.

소비자 시민 모임의 설문조사 결과, 5G 이동통신 소비자 상담 건수의 89.3퍼센트가 '5G 서비스 품질 불만'으로 나타났다. 5G 기지국이 5만 개 이상 구축됐지만 적용 범위 한계로 5G를 이용할 수 없는 곳이 많고, 5G가 연결되더라도 LTE 대비 빠른 속도를 체감할 수도 없는 상황이다. 5G 이용이 제한적인 상황에서 LTE로 전환할 때 먹통이 되거나 배터리 소모가 확연히 늘어났다. 5G 때문에 기존 LTE 속도가 느려졌다는 불만도 상당하다.

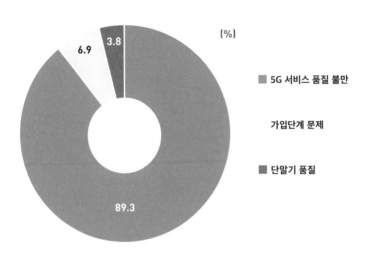

5G 이동통신 소비자 상담 내용

(%)

6.9 3.8

89.3

■ 5G 서비스 품질 불만

가입단계 문제

■ 단말기 품질

자료: (사)소비자시민모임
주 : 2019년 4월 5일부터 26일까지 소비자상담센터에 5G 이동통신으로 접수된 소비자 상담 131건을 분석한 결과

5G가 가져올 기대

5G 기술은 디지털로 전환되는 속도를 가속화할 것이다. 5G는 소위 '4차 산업혁명 기반 기술의 기반 기술'인 것이다. 『경제 읽어주는 남자의 디지털 경제지도』에서는 인공지능, 빅데이터, 사물인터넷, 가상·증강현실 등의

기술이 다양한 산업에 걸쳐 확대 적용되면서 산업 패러다임의 거대한 변화가 시작되었다고 강조한 바 있다. 이러한 디지털 트랜스포메이션을 가속할 기술이 5G이다. 데이터에 기반을 둔 디지털 경제 시대에는 홀로그램, 가상·증강현실 콘텐츠, 3D 영상 등의 빅데이터가 원활히 전해져야 하기 때문이다. 세계적으로 이동통신 시장은 지속적으로 확대될 것으로 보인다. 5G는 이동통신 시장의 성장을 견인하는 역할로 5G 시장규모가 2020년에서 2026년까지 전체 이동통신 시장의 2퍼센트에서 50퍼센트 수준으로 증대할 전망이다. 5G가 기존 이동통신을 대체할 것이기 때문이다. 한국에서는 그 속도가 더 빠를 것이다. 2026년 한국의 5G 시장 규모는 전체 이동통신 시장의 60퍼센트에 달할 것이다.

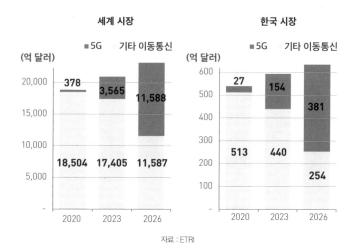

세계 및 국내 이동통신과 5G 시장 전망

자료 : ETRI

5G는 모든 산업을 스마트하게 바꿔놓을 것이다. 스마트폰을 구매해도 통신서비스에 가입하지 않으면 통신 및 데이터 서비스를 이용할 수 없듯이 자율주행차도 통신서비스에 가입해야 할 것이다. 자율주행차는 기존 인프라와의 통신V2X, 다른 자동차들과의 통신V2V이 원활해야 한다. 5G에 기초했을 때 거대한 빅데이터가 원활히 교환될 수 있고 자율주행이 가능한 것이다. 원격진료 서비스를 제공하는 스마트 병원도 마찬가지다. 웨어러블 기기를 활용하는 소비자는 체온, 운동량, 심장 박동 수 등의 바이오 빅데이터를 실시간으로 분석해 건강 상태를 체크할 수 있도록 한다.

스마트 미디어는 가상·증강현실 콘텐츠와 3D 영상을 실시간으로 스트리밍해 영상이 투수의 모습을 비추고 있어도 소비자가 삼루수의 움직임을 골라서 볼 수 있다. 초 맞춤화된 서비스가 가능해지는 것이다. 스마트 쇼핑 환경에서는 온라인쇼핑이지만 가상·증강현실 기술로 오프라인 매대의 모습을 실시간으로 확인하며 마치 오프라인 매장 안에 있는 것처럼 온라인에서도 옷이나 안경을 써보고 구매하는 효과를 누릴 수 있다. 농부가 농장을 매번 찾아가지 않아도 기온, 습도, 바이러스 등의 작황 상태를 실시간으로 확인하고 제어할 수 있는 스마트 팜도 본격화될 것이다.

5G 최고가 되기 위한 숙제

무엇보다 5G 이론과 실제의 괴리를 줄여나가야 한다. 통신사들은 신규 가입자를 끌어모으기 위한 공격적 마케팅에만 몰두하는 것이 아니라

5G 품질 안정화를 우선 과제로 삼아야 한다. 이동통신 3사는 5G 기지국 장치를 약 5만 대에서 2019년 연내 23만대로 확대 구축한다는 계획을 밝혔다. 3사는 안정적 품질을 전제로 통신서비스 가입자를 안정적으로 유치해야 한다.

5G 환경에 맞는 소프트웨어와 기기 개발에 주력해야 한다. 이동통신 환경의 변화에 상응하는 콘텐츠 개발이 시급하다. 즉, 3D 영상을 소비자들이 보려면, 3D 기술로 촬영된 콘텐츠를 제공하는 사업자들이 필요하다. 변화하는 환경 속에 다양한 사업 기회가 열리기에 무한하게 열릴 '최초'의 비즈니스 기회를 적극적으로 포착하는 노력이 필요하다.

5G 기반의 해외직접투자를 적극적으로 유치할 필요가 있다. 싱가포르가 세계적으로 화장품 산업이 집적될 수 있었던 이유 중 하나는 다양한 피부색의 인종이 작은 영토 안에 모여 있기 때문이었다. 새로운 화장품을 개발하면, 이른 시일 내에 시범적으로 사용해보는 테스트베드 Testbed로서 상당한 이점이 있는 것이다. 마찬가지로 5G 기반의 새로운 서비스 소프트웨어 및 기기, 관련 산업을 육성하는 본거지가 될 수 있도록 환경을 마련해 해외직접투자를 유치해야 한다.

5G가 가져올 초연결사회의 새로운 서비스 산업을 포착해나가야 한다. 스마트시티 조성, 자율주행차 소프트웨어 개발, 원격진료 서비스 출시, 모빌리티 플랫폼 확대, 마이데이터 산업 육성, 가상·증강현실 콘텐츠 개발, 스마트홈 서비스 고도화, 체험을 제공하는 스마트 쇼핑환경 조성, 초실감형 교육콘텐츠 개발 등 유망한 신산업들이 산재해 있다. 한국이 5G를 선도한 만큼 5G 기반의 신산업들을 선도해나가야 한다.

03

'동전 없는 사회' 진입과
지급결제 산업의 성장

몇 년 전 스웨덴에서 벌어진 유명한 일화가 있다. 은행에 강도가 들었다. 그러나 아무것도 훔쳐가지 못했다. 훔쳐갈 돈이 없었기 때문이다. 덴마크는 세계 최초의 '현금 없는 사회cashless society'로 진입할 것으로 보인다. 2016년 1월부터 상점 주인이 결제수단을 카드와 스마트폰 결제로만 제한할 수 있다. 길거리의 노점상도 카드 단말기를 갖추고 교회의 헌금 수납도 스마트폰 앱을 이용할 수 있다. 유럽의 주요국들은 2010년부터 현금 없이 상거래를 할 수 있도록 경제 시스템을 구축해나가고 있다. 중국도 이에 뒤지지 않는다. 중국은 모바일뱅킹과 간편송금 및 간편결제를 이용한 지급 시스템을 세계적으로 선도하고 있다.

현금 없는 사회, 가능할까?

한국도 현금 없는 사회가 될까? 택시 기사님과의 대화가 기억에 남는다. "요즘 3천 원짜리도 카드로 결제해서 참 어려워요. 그래도 택시 강도는 이제 없어진 것 같아요." 훔쳐갈 현금이 없는데 강도가 있을 리 없다.

한국도 현금 의존도가 급격히 줄고 있다. 한국은행의 '현금사용 행태 조사'에 따르면, 2015년 평균 현금보유액은 약 30.1만 원에서 2018년 20.3만 원으로 감소했다. 월 소득 대비 현금 보유액이 차지하는 비중은 같은 기간 10.2퍼센트에서 6.0퍼센트로 하락했다. 현금 보유액이 감소하는 이유는 '간편송금 서비스 개발'(38.7퍼센트)과 '현금 도난 위험 등 비용 부담'(24.3퍼센트) 등으로 나타났다. 시간이 지날수록 국민의 현금보유 성향이 줄어들 것으로 보인다.

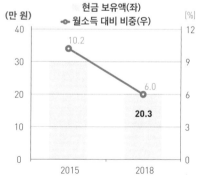

현금 보유액 및 소득 대비 비중

자료 : 한국은행, 현금사용행태 조사

현금 보유 감소 사유

감소 사유	비중(%)
간편 송금 서비스 개발 등으로 현금 휴대 필요성 감소	38.7
현금 도난위험 등 비용부담	24.3
예금금리 상승에 따른 이자수익의 매력이 증가	15.2
현금지출품목 감소	14.3
새로운 투자수단(암호자산) 등장 등	7.4

자료 : 한국은행, 현금사용행태 조사

현금 없는 사회로의 진입 시점이 가속화되고 있다. 그 중대한 배경에는 온라인쇼핑이 있다. 2013년에는 전체 소매 판매액에서 온라인쇼핑이 차지하는 비중이 10.9퍼센트였으나 2019년 1분기에는 27.9퍼센트에 이른다. 온라인쇼핑 의존도가 상승할수록 현금을 사용은 감소한다. 온라인쇼핑 거래액도 크게 피시PC 기반의 '인터넷쇼핑'과 휴대폰 기반의 '모바일쇼핑'으로 구분되는데, 2015년에 모바일쇼핑으로 소비자가 이동한 경향이 뚜렷하다. 2020년에 들어서는 70퍼센트 수준에 달할 것으로 전망한다.

온라인쇼핑과 오프라인쇼핑 거래액 비중

자료 : 통계청
주1 : 전체 도소매판매액 대비 온라인쇼핑 거래액 비중 기준
주2 : 2017년부터 온라인쇼핑동향조사 표본 개편

판매 매체별 온라인쇼핑 거래액 비중

자료 : 통계청
주 : 2017년부터 온라인쇼핑동향조사 표본 개편

2020년 동전 없는 사회

2016년 12월에 한국은행은 '동전 없는 사회 추진방안'을 발표했다. 한국은행은 동전사용 및 휴대에 따른 국민의 불편을 완화하고 유통 및 관리에 들어가는 사회적 비용을 절감하기 위해 '동전 없는 사회Coinless Society' 사업을 추진해왔다. 동전을 완전히 없애는 것이 아니라 잘 갖추어진 전자금융 인프라를 이용하여 동전의 사용을 줄이는 방향을 추진한다. 정확히 표현하면 '동전 줄이는 사회'인 것이다. 화폐 생산의 비용을 고려했을 때, 10원짜리 동전 하나 만드는 데 20원 정도의 비용이 든다는 점에서 당위성을 찾을 수 있다. 제조원가 외에도 지하경제 및 조세회피 등 다양한 사회적 비용을 수반하고 있어 화폐 의존도를 낮출 필요가 있다고 평가된다.

한국은행은 2020년까지 동전 없는 사회 진입을 위한 비전을 세우고 도입 방안을 계획해왔다. 거스름돈을 카드에 충전하거나 계좌에 입금해주는 소액 결제망을 구축하는 등 전자금융 인프라를 확대하기 위한 노력이 증대할 것이다. 특히 2017년 실시했던 동전 없는 사회 시범사업을 통해 편의점 등에서 현금 거래 후 남는 잔돈을 선불카드에 적립한 방식이 주목받고 있다. 시범사업 운영상황을 종합평가하여 잔돈적립의 효과를 검증하고 업종 및 적립수단을 다양화하는 등 사업을 확대할 예정이다.

'동전 없는 사회' 시범사업자 현황

적립매장	적립수단	주요 내용
롯데마트(백화점, 슈퍼 포함) (전국 870여개 매장)	L.POINT(롯데멤버스)	기 선정 사업자
세븐일레븐 (전국 9,200여개 매장)	네이버페이포인트(네이버)	
	캐시비(이비카드)	
	L.POINT(롯데멤버스)	
이마트 (전국 150여개 매장)	SSG머니(신세계&C)	
이마트24 (전국 2,300여개 매장)		
CU (전국 12,000여개 매장)	캐시비(이비카드)	
	티머니(한국스마트카드)	
	하나머니(하나카드)	
	신한FAN머니(신한카드)	
GS25 (전국 12,000여개 매장)	캐시비(이비카드)	추가 선정 사업자 (2017년 9월)
	티머니(한국스마트카드)	
	하이패스(하이플러스카드)	
	한페이(한페이시스)	
	DGB유페이(DGB유페이)	

자료 : 한국은행

지급결제 산업의 성장

동전 없는 사회에 진입하고 현금 의존도가 낮아짐에 따라 지급결제 산업에 대한 관심이 크게 부상했다. 한국은 현금이나 카드를 소지하지 않아도 지급결제를 원활히 이행할 수 있는 환경이 마련되어 있다. 바로 스마트폰 보급률 때문이다. 한국은 스마트폰 보급률이 95퍼센트에 달한다. 호주(81 퍼센트), 미국(81퍼센트), 일본(66퍼센트) 등과 비교해 현격히 높은 수준이다. 현금을 소지하지 않아도 스마트폰을 소지하기 때문에 전자금융 인프라를 확보했을 때 동전 없는 사회로의 이행이 원활할 수 있다.

주요 국가별 스마트폰 및 휴대폰 보급률(2018년)

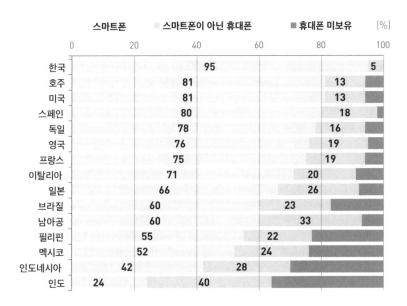

자료 : Pew Research Center

실제로 모바일 금융 서비스 이용이 급격히 증가해왔다. 모바일 금융 서비스는 스마트폰 등 모바일 기기를 통해 제공되는 각종 금융 서비스를 가리킨다. 모바일 금융 서비스는 크게 은행 등 금융 회사가 서비스 제공 채널을 모바일 기기로 확대한 서비스(모바일뱅킹)와 주로 비금융 회사가 제공하는 비대면 방식의 서비스(간편송금, 간편결제 등)로 구분할 수 있다. 모바일뱅킹 이용 건수와 이용 금액은 급증해왔다. 간편송금과 간편결제도 마찬가지다.

모바일뱅킹 이용 현황(일 평균)

자료 : 한국은행
주 : 2018년은 1~9월 기준임

세계적으로 모바일 간편결제 이용자가 늘어나는 가운데, 특히 아시아와 아프리카 등의 지역을 중심으로 그 이용이 급증하고 있다. SMS, PIN, 일회용 비밀번호 인증 등의 간단한 인증서비스가 정착되고 금융 규제 완화 및 모바일 결제 앱을 이용한 송금서비스 등으로 지급결제 수단이 다양화되고 있다.

애플, 구글 등 내로라하는 IT 대기업이 모바일 간편결제 서비스를 앞다투어 출시했고 이베이, 알리바바와 같은 거대한 전자 상거래 플랫폼도 온라인 간편결제 서비스를 제공하고 있다. 이러한 경쟁 속에서 스트라이프Stripe는 혁신적인 아이디어와 기술력으로 1조 원 이상의 기업가치를 인정받으며 결제서비스 분야의 강자로 자리 잡았다. 스트라이프에 등록한 신용카드는 어떤 상점에서든지 결제할 수 있으며 전 세계 135개국 이상의 통화로 결제할 수 있다. 또한 비트코인 결제도 가능해져 이용자의 편의성을 극대화하고 있다.

최근에는 생체인식 기술과 화자 인증 기능에 기초해 결제 시스템이 더욱 다양해지고 있다. 패미리마트는 파나소닉의 안면인식 기술을 도입한 무인 편의점을 오픈했다. 세븐일레븐도 이미 롯데카드가 개발한 정맥 인식기술 등을 활용해 무인 편의점을 오픈했다. 구글은 구글 페이와 구글 어시스턴트를 연동해 '말 한마디로' 개인 간 송금P2P이 가능한 서비스를 선보였다. "OK, Google, ○○○에게 송금해줘" 한마디로 송금이 가능해졌다. 공인인증서, 복잡한 ID와 비밀번호, OTP가 더는 필요 없는 세상이 온 것이다. 2020년에는 인공지능 스피커 구글 홈을 통한 송금 기능도 탑재할 예정이다. 음성 인식을 넘어 음성을 구분해서 명령을 듣는, 즉 대상의 요청만을 수행하는 '화자 인증' 기능을 구축해나가고 있다.

2020년 동전 없는 사회를 맞이할 준비

기업은 지급결제 산업에 관심을 높이고 사업 진출 가능성 등을 타진해 볼 필요가 있다. 이는 금융사만의 사업 영역이 아니라는 점에서 더욱 그러하다. 유통사, IT 기업, 금융사를 막론하고 대부분이 지급결제 서비스 영역에 뛰어들고 있다. 생체인식 기술 등을 보유한 스타트업을 육성하거나 벤처기업과의 기술 제휴를 시도하기도 한다. 혹은 자체 개발을 통해 기술을 확보하고 있다. 단순한 사업성을 넘어서 소비 빅데이터를 확보하는 과정이라는 점에서 본 산업의 중요성을 강조하지 않을 수 없다.

이를 위해 정책이 뒷받침되어야 한다. 패러다임의 변화에는 그 변화를 주도하는 기술과 산업이 있다. 국내 기업이 해당 영역으로 신출할 수 있도록 전문가를 양성하고, 경영 여건을 개선할 필요가 있다. 정부는 '현금이 아니면 지급결제가 이루어지지 않는 환경'을 제로화하기 위해 전자금융 인프라를 확충해야 한다. 2019년에는 규제 샌드박스를 도입하는 등 규제 완화의 노력이 증대됐지만, 여전히 낡은 규제로 인해 새로운 지급결제 서비스를 제공하지 못하는 사례가 상당하다. 이러한 정책적 뒷받침 없이는 동전 없는 사회로의 이행할 수 없음을 깨달아야 한다.

투자에 관심 있는 개인이라면, 어떤 기업이 혁신적인 지급결제 서비스를 시장에 제안하고 있는지를 주목해야 할 것이다. 그 어떤 산업보다 지급결제 산업의 탈바꿈이 강하게 펼쳐질 것이기 때문에, 중장기적으로 이 영역을 선도하는 기업에 관심을 두는 것을 추천한다. 또한 혁신적인 지급결제 서비스를 가능케 할 혁신적인 지급결제 기술을 보유한 스타트업에 크라우드펀딩의 방식으로 투자할 수 있다. 예를 들면 앞에서 거론한 화자 인증 기능이나 고도화된 생체인식 기술은 지급결제 서비스를 한층 업그레이드시킬 것이다.

04

수소경제,
상상에서 현실로

2020년에 수소경제Hydrogen Economy는 구체화 단계에 이를 것으로 보인다. 2018년 10월 프랑스를 국빈 방문한 문재인 대통령은 현대자동차가 프랑스에 수출해 통관된 수소 전기차 '넥쏘NEXO'에 탑승해 한국의 산업적 지위를 홍보했다. 프랑스 파리에는 투싼 수소 전기차 택시가 2016년 5대로 시작해 현재 약 70여 대 이상 운행되고 있다. 이낙연 국무총리는 정부에서 관용 목적으로 구매한 넥쏘를 타고 공식 일정을 수행했다.

2019년 정부는 '수소경제 활성화 로드맵'을 발표했고 혁신성장의 새로운 동력으로 수소경제를 실현할 구체적 방법론을 발표한 바 있다. 수소 충전 인프라는 정부가 규제 샌드박스 제도를 도입해 첫 승인을 받은 1호 사업이고 규제 특례를 통해 서울 도심에 수소충전소를 설치했다.

수소경제의 부상

수소경제는 2002년에 제레미 리프킨Jeremy Rifkin이 처음 사용한 용어다. 경제학자이자 미래학자인 그는 저서 『수소혁명Hydrogen Economy』에서 수소 에너지를 인간 문명을 재구성할 새로운 에너지 체계로 정의한 바 있다. 2015년 세계에너지기구International Energy Agency, IEA는 화석연료를 대체할 미래 에너지원으로 수소를 지목하면서 수소 에너지가 다시 부상하기 시작했다.

세계 주요국들은 수소경제를 육성하기 위한 구체적인 실행방안을 제시했다. 미국의 경우 캘리포니아주 주도로 수소 정책을 추진해 현재 20여 개 주에 확대 추진하고 있다. 2020년에는 미국 전역으로 수소경제의 관심이 확대할 것이다. 독일의 경우 2030년까지 수소차를 180만 대 보급하고 수소충전소를 1,000개 설치할 계획을 밝혔다. 중국은 2017년 '차이나 수소 이니셔티브'를 선언하고 2030년까지 수소차를 100만 대 보급할 계획을 발표했다. 호주는 풍부한 자원을 활용한 세계 최대 수소 생산 및 수출 전략을 수립했다.

일본은 '수소 2030 로드맵'을 발표하며 세계적으로 수소경제를 선도하는 국가로 부상했다. 일본은 2011년 동일본 대지진을 경험하고, 탈원전 및 에너지 자립도 해결 등을 위한 대안으로 수소경제 실현을 위한 적극적인 움직임을 보였다. 일본은 2014년에 국가 차원의 수소사회 진입을 선언했고 2020년까지 수소 전기차 약 4만 대 2025년까지 약 20만 대 2030년까지 약 80만 대 보급을 목표로 하고 있다.

일본은 2020년 도쿄올림픽을 수소사회 '쇼케이스'로 삼을 기회로 본다. 올림픽에서는 최초로 성화 봉송에 수소를 사용할 계획이다. 2020년까지 수소충전소 160개, 수소 전기버스 100대, 수소 전기 지게차 500대를 보급할 계획이다. 특히 수소 전기버스는 공항에서 주요 숙소 및 경기장을 연결하는 셔틀버스로 사용할 예정이다. 후쿠시마현에서 재생에너지를 이용해 수소를 생산하는 실증 프로젝트를 진행 중이고 생산된 수소는 도쿄올림픽 전력원 등으로 활용할 예정이다.

수소경제란 무엇인가?

수소경제란 수소가 경제 성장(새로운 성장동력)과 친환경 에너지의 원천이 되는 경제를 뜻한다. 미국 에디슨 전력 연구소는 현재의 소비 추세로 간다면 2040년경에는 석유가 고갈될 것으로 예측했다. 수소경제는 석유의 대안으로 떠오르는 수소 에너지 시대의 경제를 말한다. 산업통상자원부는 수소경제를 '수소가 자동차 등 수송용 연료, 전기, 열 생산 등 주요한 에너지원으로 사용되는 경제'로 정의했다.

수소경제는 수소를 생산, 저장, 운송, 활용하는 산업의 총합이다. 수소는 화석연료에서 생산될 수 있고 태양광이나 풍력 등의 재생에너지 기술로 생성한 전기에서 '수전해' 방식을 이용해 생산할 수 있다. 또는 자연 광물이 풍부한 호주 등의 수소 생산기지에서 수입하는 방법도 있다. 생산된 수소를 파이프라인이나 튜브 트레일러를 이용해 저장·운송하는 산업도 수소경제에서 매우 중요하다. 수소를 액화시켜 액화 탱크로리를 이용해 저장·운송하는 방법도 있다. 수소 에너지는 수소차, 수소 택시, 수소 버스, 선박, 열차, 드론 등의 수송용으로 활용하거나 가정, 건물용, 발전용으로 활용된다.

수소경제 개념도

자료 : 산업통상자원부

한국의 수소경제 로드맵

한국은 수소경제 선도 국가로 도약하기 위해 계획을 마련했다. 수소차와 연료전지 등 수소 활용 영역을 신성장 동력 산업으로 지정하고 2022년까지 핵심부품을 100퍼센트 국산화하기 위한 R&D를 계획하고 있다. 수소차를 활용하기 위한 선결 조건으로 수소충전소 확대 보급을 위한 정책적 지원이 집중될 전망이다.

수소 가격이 기존 화석연료나 전기를 사용하는 방식보다 저렴해야 상업적 양산이 가능하다는 점에서 수소 공급을 지속적으로 확대하고 수소 가격을 안정화할 계획이다. 특히 2022년까지는 화석연료가 아닌, 친환경 수전해 방식을 시장에 안착시킨 계획으로 R&D 예산이 활용되어 기업의 참여를 유도해나갈 것으로 보인다. 히타치조선과 고베제강소 등 일본의 수전해 기술 선도 기업들을 벤치마킹하는 시도가 병행될 것이다.

수소경제 활성화 로드맵 상세

		2018년	2022년	2040년
수소차 (수출) (내수)		**1.8천대** (0.9천대) (0.9천대)	**8.1만대** (1.4만대) (6.7만대)	**620만대** (330만대) (290만대)
연료 전지	**발전용** (내수)	**307MW** (전체)	**1.5GW** (1GW)	**15GW** (8GW)
	가정·건물용	**7MW**	**50MW**	**2.1GW**
수소 공급		13만톤/年	47만톤/年	526만톤/年 이상
수소 가격		–	6,000원/kg	3,000원/kg
수소 충전소		14개소	310개소	1,200개소 이상

자료 : 산업통상자원부

수소경제, 가능성에 투자하라

일본의 성장 궤적을 토대로 수소경제 실현 가능성을 판단할 필요가 있다. 수소 공급가격이 수소경제 실현 여부를 결정짓는 핵심요인이라는 측면에서 일본의 정책과 기업들의 대응과정을 분석해야 한다. 특히, 수전해 기술을 활용해 수소를 공급하는 능력을 보유한 일본 기업과의 기술 교류 및 공동 R&D 시도를 모색해야 한다.

수소의 안전성이나 활용 가능성에 범국민적인 인식이 제고할 수 있도록 노력한다. 관련 산업 내 주요 기업조차도 수소경제 실현 가능성이나 사업 타당성에 의문을 제기하는 경우가 많아 투자가 지연되고 있다. 투자자와 주요 기업이 가능성을 타진하고 적극적인 투자에 임할 수 있도록 객관적인 정보가 공유되는 과정에서 산업이 약진할 수 있다.

수소경제 가치사슬Value Chain 상의 단계별 기술 개발 및 사업 다각화를 검토해야 한다. 각국 정부는 수소경제 실현을 위해 수소 전기차 보급 정책을 구현하고 있다. 그뿐 아니라 가정용이나 상업용 연료전지 등의 활용영역을 확대하기 위한 움직임이 강하다. 수소 공급 측면에서도 수소의 생산, 저장, 운송, 충전 영역에서 안전성을 확보하는 동시에 비용을 줄이기 위한 기술의 고도화 및 소재 개발이 중요하다. 수소경제의 가치사슬을 구성하는 생산에서 이용까지, 다양한 사업 영역의 진입 가능성을 검토할 시점이다.

수소경제 가치 사슬

	생산	저장	운송	충전	이용
방법	천연가스 개질 부생가스 정화 전기분해	기체수소 압축 액화 메탄화 유기하이드라이드 (MCH)	파이프라인 튜브 트레일러 탱크	외부수소 충전 수소생산 충전	화학산업 철강산업 자동차산업 (수소전기차) 발전 (연료전지)
확산요소	친환경 에너지 효율 高 생산단가 低	안전성 확보 용량 大 저장비용 低	안전성 확보 에너지 효율 高 고정비/변동비 低	안전성 확보 에너지 효율 高 고정비/변동비 低	타에너지가격 대비 수소가격 低
대표소재	관강용 강재	탱크용 강재	강관용 강재 튜브용 강재	충전소용 벨브 및 강관용 강재	연료전지용 강재

자료 : 포스코경영연구원

05

반도체 산업,
위기인가 기회인가?

최근 반도체 산업이 심상치 않다는 소문이 들려온다. 반도체 호황기를 이끌었던 스마트폰 시장이 정체기를 맞이한 탓인지 호황기가 끝났다는 이야기도 들려온다. '반도체 굴기崛起' 에 적극적으로 나서고 있는 중국의 추격도 심상치 않다. 중국은 엄청난 자본을 반도체 산업에 투자하고, 미국은 중국의 반도체 산업 육성을 견제하고 있다. 유럽과 일본에서도 반도체 산업 기술에 투자와 연구 개발을 강화하고 있다.

한국의 효자 산업은 단연 반도체 산업이다. 반도체 산업은 수출, 투자, 공급사슬 구조, 부가가치 등 어느 면에서도 한국의 대표 주력 산업이자 경제의 버팀목 역할을 해오고 있다. 반도체 산업이 불안해지면 한국경제가 불안해질 수 밖에 없다. 반도체의 산업구조와 주요 동향에 대한 이해를 바탕으로 적절한 대응 전략을 마련해야 하는 시점이다.

반도체의 개념과 산업구조

반도체semiconductor는 상온에서 전기가 잘 통하는 금속과 통하지 않는 절연체와의 중간 정도의 전기 저항을 가지는 물질이다. 첨단 전자산업 부문에 넓게 응용되고 있으며 태양전지나 발광소자에도 사용된다. 반도체는 전자제품 대부분에 들어 있어 생활에 편리를 가져다준다.

반도체는 크게 두 가지로 분류한다. 시스템 반도체는 논리와 연산, 제어 기능 등을 수행한다. 시스템 운용에 필요한 설계 기술이 해당 시장 점유의 관건이고 활용 분야가 다양하다. 메모리 반도체는 정보를 저장하는 용도로 사용한다. 메모리 반도체는 표준 제품의 대량 생산에 필요한 생산 기술이 경쟁력의 핵심요인으로 공급 측 요인이 수급 불균형으로 연결되는 특징을 지닌다. 2016년 기준 시스템 반도체는 전체 시장에서 77.4퍼센트, 메모리 반도체는 22.6퍼센트를 차지한다.

수소경제 활성화 로드맵 상세

	시스템 반도체	메모리 반도체
시장구조	·응용분야별 특화 시장 ·유무선통신, 정보기기, 자동차 등 용도별로 다양한 품목 존재 ·경기 변동에 상대적으로 둔감	·범용 양산시장 ·DRAM, SRAM 등 표준 제품 중심 ·경기 변동에 민감
생산구조	·다품종 소량 생산	·소품종 대량 생산
핵심 경쟁력	·설계기술 및 우수인력 ·설계 및 소프트웨어 기술을 통한 시스템 기능 ·타 업체와 성능 및 기능 위주 경쟁	·설비투자 및 자본력 ·미세공정 등 하드웨어 양산 기술을 통한 가격경쟁력 ·선행기술 개발 및 시자선점
사업구조	·중소기업, 벤처기업형	·대기업형
참여업체 수	·다수 -비교적 위험부담이 낮아 참여업체의 수가 많고 종류가 다양	·소수 -높은 위험부담으로 인해 참여업체의 수가 제한적

자료 : KDB산업은행

반도체 산업은 시스템 반도체나 메모리 반도체를 실제로 조립하여 생산하는 반도체 제조를 중심으로 전, 후방 산업으로 나눌 수 있다. 한국은 메모리 반도체 시장에서 세계 시장점유율 1위를 기록하고 있으나 시스템 반도체 시장에서의 점유율은 매우 낮은 상황이다. 반도체 제조 부문은 웨이퍼 제조 가공, 회로 설계, 조립 등의 공정 과정을 거쳐 칩을 제조하고 조립하는 생산 영역이다.

한국은 메모리 반도체 제조에서 시장을 선도하는 대표적 기업을 보유하고 있다. 삼성전자, SK하이닉스 등의 성장으로 한국의 글로벌 메모리 반도체 시장점유율은 1위에 달한다. 국내 기업들은 반도체 공정 기술에 뛰어난 경쟁력을 보유하고 있다. 공정 기술이 핵심인 메모리 반도체의 경우 한국이 전 세계 시장의 50퍼센트 이상을 점유하고 있다.

반도체 산업 구조

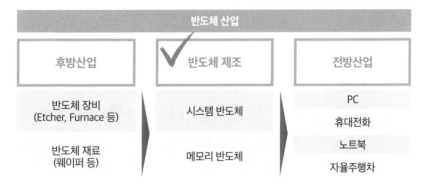

자료 : 삼정KPMG경제연구원

국내외 반도체 시장 동향

시장조사 업체 IHS에 따르면, 2016년 글로벌 반도체 시장 규모는 전년 대비 69억 달러 늘어난 3,525억 달러를 기록했다. 세계 반도체 무역통계 기구WSTS는 글로벌 반도체 시장 규모를 2017년 4,087억 달러, 2018년 4,273억 달러로 전망했고 반도체 시장은 당분간 성장세를 유지할 것이다.

글로벌 반도체 시장에서 미국은 인텔, 퀄컴Qualcomm 등 다양한 반도체 기업을 필두로 2011~2015년 50퍼센트 이상의 점유율을 보유했다. 2011년부터 일본의 시장점유율이 하락하는 추세를 보이지만 한국은 2015년부터 약 17퍼센트까지 점유율이 상승해왔다. 또한 중국 점유율이 상승세를 지속하고 있다. 역사적으로 반도체 분야 강자였던 일본은 자국 기업 간 경쟁 과잉, 디램DRAM 설계기술 투자 부족, 리먼 쇼크로 인한 엔고 등으로 시장점유율이 낮아지고 있다. 한국은 정부의 적극적인 반도체 산업 개발 정책과 기업의 대규모 설비투자로 메모리 반도체를 중심으로 발전하고 있다. 2007년, 2010년 두 차례의 디램 치킨게임 이후 메모리 반도체 시장에서는 규모의 경제가 가능하고 기술력이 뛰어난 한국의 삼성전자, SK하이닉스, 미국의 미크론Micron 등 3강 체제가 구축되었다. 한편 시스템 반도체 분야에서의 기술력을 인정받은 중국은 메모리 반도체 육성 정책을 펼치고 있다. 정부의 지원 정책과 풍부한 자금력을 바탕으로 반도체 시장에서 몸집과 기술력을 키워나가고 있다.

IHS에 따르면, 한국의 반도체 시장 규모는 2016년 585억 달러를 기

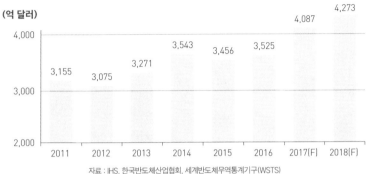

글로벌 반도체 시장 규모

(억 달러)

- 2011: 3,155
- 2012: 3,075
- 2013: 3,271
- 2014: 3,543
- 2015: 3,456
- 2016: 3,525
- 2017(F): 4,087
- 2018(F): 4,273

자료 : IHS, 한국반도체산업협회, 세계반도체무역통계기구(WSTS)
주 : 2017년과 2018년 통계는 세계반도체무역통계기구(WSTS)의 전망치임

록했다. 반도체는 한국 수출의 견인차 임무를 수행해오고 있다. 한국경제는 2017~2018년 상당한 수출 호조를 지속하면서 2퍼센트대 후반의 경제성장률을 유지해오고 있다. 한국 수출은 특히 반도체에 상당히 의존해왔다. 전체 수출액에서 반도체 수출액이 차지하는 비중은 2014년 10.9퍼센트였으나 2017년부터 큰 폭으로 증가했으며 2018년(1~8월 누계)에는 20.8퍼센트를 차지했다. 2017~2018년의 수출 호조는 반도체 수출이 주도했다. 반도체 품목 중에서도 메모리반도체 비중이 73.7퍼센트로, 메모리 반도체 의존도가 매우 높은 상황이다.

수출뿐만 아니라 설비투자에서도 반도체는 상당한 의미가 있다. 최근 반도체 수출의 호조에 따라 반도체 부문의 설비투자가 증가해왔다. 전체 수출액에서 반도체 설비 투자액이 차지하는 비중은 2014년 약 12.2퍼센트에서 2018년 약 18.0퍼센트 상승했다.

반도체 수출 추이

(억 달러)   [%]

20.8

800   20
          반도체 수출 비중(우)
600   15

400 10.9   10

200   5
          반도체 수출액(좌)
0   0
     2014 2015 2016 2017 2018

자료 : 한국무역협회
주 : 2018년은 1~8월 누계 기준

반도체 설비투자 추이

(조 원)   [%]

30   20
          반도체 설비투자 비중(우)   18.0

20   15

          12.2   10
10
          반도체 설비투자액(좌)
0   5
     2014 2015 2016 2017 2018

자료 : 한국산업은행
주 : 2014~2017년은 실적, 2018년은 계획

반도체 산업 주요 플레이어 동향

글로벌 반도체 시장 상위 10위 기업의 시장점유율은 전체 반도체 시장의 55.1퍼센트를 차지한다. 인텔과 삼성전자는 글로벌 반도체 분야 1, 2위로 상위권을 유지하고 있다. 싱가포르의 아바고 테크놀로지Avago Technologies(현 브로드컴 리미티드Broadcom Limited)가 2015년 미국의 브로드컴을 인수한 후 2016년 글로벌 반도체 시장에서 4위로 등극했다.

시스템 반도체의 명가로 불리는 인텔은 주력 부문이 아니었던 메모리 반도체 시장을 신성장 동력으로 삼기 위해 노력 중이다. 특히 서버용 시스템 반도체에서 세계 시장에서 확고한 점유율을 갖춘 점을 바탕으로 낸드플래시 부문에서도 서버용 SSD 출하량을 대폭 늘리고 있다.

미국의 퀄컴은 공장 없이 반도체 설계와 판매만 하는 대표적인 팹리스 기업이다. 독보적인 반도체 설계 기술로 파운드리 기업에 대한 영향력이 크며 인공지능과 확장현실 시장을 공략하기 위해 움직이고 있다.

브로드컴 리미티드는 2015년 5월 싱가포르의 반도체 기업 아바고 테크놀로지가 미국의 브로드컴을 인수해 사명을 바꾼 기업이다. 브로드컴은 특정 분야를 대상으로 기능을 특화한 범용 고밀도 집적회로ASSP, 유무선 랜 관련 칩 등에서 글로벌 강자로 자리매김했다. 진입 장벽이 높은 반도체 틈새시장에서 경쟁력을 확보하고 있다.

삼성전자는 디램과 낸드플래시 부문에서 세계 시장점유율 1위를 차지했다. 삼성전자는 향후 반도체 부문 경쟁력 강화를 위해 경쟁 업체와의 격차를 더 벌리는 '메모리 초격차' 전략을 유지하고 파운드리 및 시스템 반도체 사업을 확대하는 방안을 추진 중이다.

2012년 SK텔레콤이 최대 주주가 된 후 SK그룹의 계열사가 된 SK하이닉스는 2017년 9월 한, 미, 일 연합을 통해 일본 도시바 메모리 사업 부문을 인수하는 계약을 체결해 주목을 받았다. 최근 글로벌 반도체 설계 기업과 IT 기기 제조 업체가 집중해 있는 중국에서 파운드리 생산 교두보를 마련하기 위해 움직이고 있다.

글로벌 반도체 시장 Top 10 기업 현황

(단위 : 백만 달러, %)

순위	2015			2016		
	기업	매출액	점유율	기업	매출액	점유율
1	Intel	51,420	14.9	Intel	54,980	15.6
2	삼성전자	38,713	11.2	삼성전자	40,389	11.5
3	SK하이닉스	16,502	4.8	SK하이닉스	15,405	4.4
4	Qualcomm	16,496	4.8	Qualcomm	14,979	4.2
5	MIcron	14,080	4.1	MIcron	14,699	4.2
6	Texas Instruments	12,258	3.5	Texas Instruments	12,710	3.6
7	NXP	9,619	2.8	NXP	12,686	3.6
8	Toshiba	8,833	2.6	Toshiba	10,258	2.9
9	Broadcom	8,414	2.4	Broadcom	9,306	2.6
10	STMicroellectronics	6,897	2.0	STMicroellectronics	8,733	2.5

자료 : IHS(2017.06), 한국반도체산업협회, 삼정KPMG 경제연구원 재구성
주 : Broadcom Limited는 Avago Technologies가 2015년 Broadcom 인수 후 피인수기업명으로 변경한 사명

반도체 산업 전망

4차 산업혁명의 기반 기술이 다양한 산업에 확대 적용되면서 디지털 트랜스포메이션이 가속화되고 있다. 과정에서 반도체 산업은 지속적으로 성장할 것이다. 향후 프리미엄 스마트폰, 그래픽 카드, 비디오게임 콘솔, 자동차 애플리케이션 등 다양한 기기에서 반도체 수요가 확대됨에 따라 사물인터넷, 빅데이터, 인공지능 등을 활용한 새로운 수요 창출 대응력이 중요한 경쟁력으로 부상할 것이다.

반도체 산업의 발전 방향

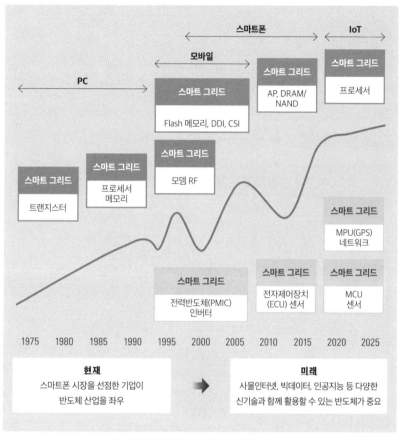

자료 : 산업통상자원부(2017), 삼정KPMG 경제연구원 재구성
주 : DDI(Display Driver IC, 디스플레이 구동 칩), CIS(CMOS Image Sensor, CMOS 구조를 가진 저소비전력형 촬상소자),
RF(Radio Frequency, 무선주파수), AP(Application Processor, 스마트폰 중앙처리장치), MCU(Micro Controller Unit,
마이크로 제어 장치), MPU(Micro Processor Unit, 마이크로 프로세서 장치)

반도체는 센서 및 통신과 결합해 웨어러블 디바이스, 스마트 가전 등
폭넓은 사물에 응용 가능한 플랫폼 형태로 발전할 전망이다. 반도체 생태

계는 더욱 세분화, 전문화될 것이고 반도체 설계와 생산간 협업도 중시되고 있다. 한편 자율주행차가 신성장 동력 산업으로 부상함에 따라 반도체 업계에서는 차량용 디램과 낸드플래시 등 자동차 분야의 반도체에 주목하고 있다. 스마트폰도 고기능화되며 고사양 반도체 수요가 더욱 증가하고 있다.

반도체 산업의 주도권 확보를 위한 정책적 시사점

반도체 산업의 주도권을 확고하게 유지하는 데 필요한 정책적 시사점을 요약하면 아래와 같다. 첫째, 반도체 산업의 공급사슬 상에서 핵심적인 물질 및 소재의 공급부문을 국산화하는 데 초점을 두어야 한다. 국내 화학 제조 중소, 중견 기업은 기술 고도화를 위한 R&D 투자를 확대하고, 정부는 이를 지원하는 시스템을 공고히 해야 한다. 일본의 경제 침략뿐만 아니라 세계적으로 보호무역 조치가 확대되는 과정에서 주력 산업에 대한 '공급안보' 노력이 그 어느 때보다 중요하다.

시스템 반도체는 인력 부족과 투자 부족 등으로 장기적 관점에서 산업 육성이 필요한 시점이다. 시스템 반도체에 대한 R&D메모리 반도체와 시스템 반도체의 비중에 균형을 찾을 필요가 있다. 한국은 메모리 반도체 분야에서 세계 시장을 선도하는 가운데 반도체 슈퍼사이클(초호황)에 힘입어 실적 호조를 보인다. 메모리 중심 컴퓨팅, 데이터센터 등 메모리 반도체 수요는 지속할 것으로 예상하기에 시스템 반도체에 관한 기술 개발 및 투자가 필요하다.

자율주행차 등의 유망 산업에 반도체 투자와 연구가 집중될 필요가 있다. 성숙기에 접어든 반도체 산업 내에서의 입지를 강화하기 위해 M&A, R&D, 기술제휴, 4차산업혁명 기반 기술 적용(스마트 팩토리, 인공지능 등)과 같은 다양한 전략으로 새로운 성장 방안을 모색해야 한다. 첨단 운전자 지원 시스템Advanced Driver Assistance Systems, ADAS 기능과 인포테인먼트 기능의 발전을 필두로 한 자동차의 전장화 추세, 각종 가전제품의 사물인터넷 관련 기능 확산에 따라 시스템 반도체의 성장 가능성이 증대되고 있다.

또한 중국의 기술 추격에 대한 대응책을 마련해야 한다. 중국은 반도체 굴기 정책을 통해 반도체 산업을 국가 핵심 산업으로 키워나가고 있다. 기술장벽으로 인해 단기간 내 중국의 추격은 어려울 수 있으나 울리는 이에 대응하기 위해 반도체 사업 다각화를 통한 핵심기술을 보유해야 한다.

06

신재생에너지로의
대전환

기후변화협약과 관련하여 2015년 12월 13일은 인류 역사에 기록될만한 날이다. 국제적 공조에 실패한 2009년 덴마크 코펜하겐 총회 이후 6년 만에 기후변화 문제에 대한 국제적 합의를 마련했기 때문이다. 2020년 이후 출범할 신 기후 변화 체제에 대한 합의를 이룬 파리협정은 2100년까지 전 세계 평균 기온의 상승 폭을 2도 이하로 유지하는 것을 목표로 한다.

파리협정이 체결된 당시에 주요 온실가스 배출국인 미국과 중국이 참여했고, 선진국으로 구성된 기후변화협약 부속서 (1992년 기준 OECD 국가와 유럽경제공동체EEC 회원국, 시장경제로 이행 중인 동유럽 국가 포함) 국가만 온실가스 감축 의무가 있었던 기존 교토 의정서 체제와는 달리 감축 의무가 없었던 개도국을 포함하여 195개 당사국 모두 온실가스 감축을 이행하기로 합의했다. 각국은 5년마다 국가 기여분INDC을 제출해야 하며 선진국은 2025년까지 개도국의 기후변화 사업을 위해 매년

1,000억 달러를 지원할 것을 약속했다.

지역별 탄소 배출 추이를 살펴보면 세계의 공장이 밀집해 있는 중국을 중심으로 아시아 지역의 이산화탄소 배출량이 급증하고 반면에 유럽 등 선진국들의 탄소 배출 성적은 개선되고 있음을 알 수 있다. 그러나 선진국들은 산업혁명 이후 지구온난화의 책임이 더 크므로 이를 고려하여 '공동의 차별화된 책임' 원칙에 따라 각국의 감축 목표를 설정하고 있다.

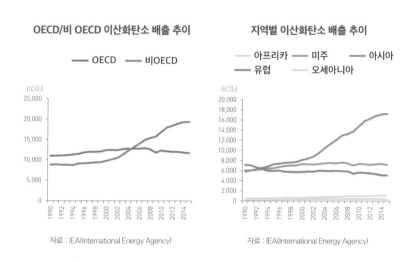

OECD/비 OECD 이산화탄소 배출 추이

자료 : IEA(International Energy Agency)

지역별 이산화탄소 배출 추이

자료 : IEA(International Energy Agency)

2017년 6월에는 트럼프 행정부가 자국의 재정, 경제적 부담을 이유로 미국의 파리협정 탈퇴를 공식적으로 선언했다. 중미의 니카라과, 내전이 소강상태로 접어든 시리아도 가입 서명을 하여 전 세계에서 파리협정 불참국은 미국이 유일하다. 그러나 2017년 11월 독일 본에서 개최된 제23차 유엔기후변화협약 당사국 총회에서 캘리포니아 주지사와 전 뉴욕시장이 참석하여 미국 내 500여 개의 지방자치단체가 파리협정을 지지하고,

실제로 온실가스 배출량을 줄이면서 경제 성장을 하고 있다고 밝혔다. 별도의 연대를 구성하여 기후변화에 대한 국제적 대응에 계속 참여할 것이라는 뜻을 공표했는데, 이때 파리협정을 지지하는 지자체의 인구와 GDP는 미국 전체의 약 절반에 해당한다.

해당 총회에서 주요국들은 최대 탄소 배출국 중 하나인 미국의 탈퇴를 비난하며 구체적인 국제 공조를 위한 기술적 세부사항에 합의했다. 앞으로 기후변화 문제 해결을 위한 국제적 공조는 EU와 중국을 중심으로 이루어질 것으로 예상한다.

2020년까지의 탄소 배출 감축 목표를 달성하기 위해 기후변화와 관련된 리스크 및 탄소 비용이 증가할 것이며 탄소배출권 시장의 국제 거래가 활성화될 것으로 예상한다. 파리협정의 이행은 석탄 사업의 사양화를 가속하며 태양광·원자력·탄소 저장기술과 같은 녹색 기술에 대한 투자

2015년 이산화탄소 배출 상위 10개국

(tCO₂)

중국	9,085
미국	4,998
인도	2,066
러시아	1,469
일본	1,142
독일	730
한국	586
이란	552
캐나다	549
사우디아라비아	532

0   2,000   4,000   6,000   8,000   10,000

자료 : IEA(International Energy Agency)

탄소 배출 상위국 감축 목표(2020년)

국가	감축목표
중국	2005년 1인당 GDP 배출량 대비 40-45%
미국*	2005년 배출량 대비 17%
인도	2005년 1인당 GDP 배출량 대비 20-25%
러시아	1990년 배출량 대비 15-25%
일본	2005년 배출량 대비 3.8%
EU(28개국)	1990년 배출량 대비 20%
한국	2030년 온실가스 배출전망치(BAU) 대비 37%

자료 : IEA(International Energy Agency)
주 : 미국은 2017년 6월에 파리협정의 탈퇴를 공식 선언함

증가와 스마트 그리드 및 에너지 관련 신시장의 확대를 견인할 것이다. 그러나 파리협정의 온실가스 감축 의무는 법적 구속력이 미약하다는 점, 구체적인 로드맵이 부재하다는 점에서 우려를 낳고 있다.

한국의 탄소배출권 거래 제도와 시장

탄소배출권 거래제ETS가 올해로 3년째를 국내에서 시행되고 있다. 2015년부터 한국에도 시작된 탄소배출권 거래제는 국가기관, 지자체, 기업이 탄소배출권 거래를 통해 정부에서 정한 온실가스 감축 목표를 달성하는 제도이다. 1차 계획 기간인 2015~2017년에 거래제를 안착시키기 위해 599개 기업이 참여했다.

한국거래소에 따르면 장내 기준 2015년 탄소배출권 거래량은 124만 톤이었으나 2017년(8월 말 기준)은 1,123만 톤에 달했다. 탄소배출권 가격의 경우 2016년 11월까지만 해도 톤 당 7,880원이었으나 2017년에 들어서 급등한 이후 2017년 3월부터는 2만 원대로 안정적인 수준을 보였다. 2017년 11월 다시 2만 8,000원까지 급등하기 시작했다. 최근의 가격 상승은 환경부가 제시한 배출권거래제 2차 계획 지침에 따르면 2018년에 감축 강도가 강해져 기업이 잉여배출권을 시장에 내놓지 않아 물량 부족이 일어난 데 기인한다. 과거 1기에는 산업계의 비용부담을 줄이기 위해 배출권을 정부가 무상으로 할당했으나 2018년부터 시작되는 2기부터 경매를 통해 유상 할당할 계획이다. 파리협약에 따라 2030년까지 온실가스 배출 전망치 대비 -37퍼센트의 국가 감축 목표를 달성하기 위하여 국내 탄소배출권 시장 규모는 점차 증가할 것이다.

한국 탄소배출권 시장규모

자료 : 산업통상자원부(2017)

한국 탄소배출권 가격 일일추이

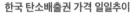
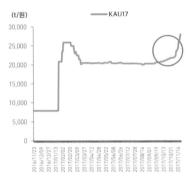

자료 : 한국거래소

탄소배출권 할당계획, 거래시스템 구축까지 완료한 중국은 2018년 전국 단위 배출권거래제를 시작할 방침이다. 세계의 공장인 중국이 탄소배출권 거래 제도를 시행할 경우 해외시장 간 연계로 거래는 더 활발해질 것이며 글로벌 탄소 시장 규모는 120조 원 규모로 확대될 것으로 예상한다.

신재생에너지로의 전환

탄소 배출을 감축하기 위한 노력이 신재생에너지에 집중되고 있다. 주요국별 에너지 의존도를 보면, 현재는 절대적으로 석유, 석탄, 가스와 같은 화석연료에 집중되어 있다. 미국, 일본, 중국, 유럽 각 주요국은 신재생에너지 의존도를 지속적으로 높여갈 계획을 발표했고, 특히 유럽은 2035년까지 신재생에너지 의존도를 21퍼센트까지 증대시킬 계획이다.

주요국 에너지 믹스 전망(%)

주요국가		미국		일본		중국		유럽	
연도변화		2011	2035	2011	2035	2011	2035	2011	2035
전력	원전	10	11	6	10	1	6	13	12
	수력	1	1	2	2	2	3	2	3
	신재생	5	13	3	13	9	10	10	21
석유		36	27	44	30	16	18	33	25
석탄		22	18	23	23	68	52	18	10
가스		26	30	22	22	4	11	24	29
합계		100	100	100	100	100	100	100	100

자료 : 산업통상자원부

한국도 2017년 12월 '재생에너지 3020 이행계획(안)'을 발표하면서, 신재생에너지 사용 및 보급 계획을 구체화했다. 2030년까지 재생에너지 발전량 비중 목표를 20퍼센트로 설정했다. 2016년 재생에너지 발전 비중은 7.0퍼센트에 머무르고 있으나 2022년까지 10.5퍼센트, 2030년까지 20퍼센트를 달성할 계획이다. 자가용뿐만 아니라 농가와 대규모 프로젝트를 통해서 태양광과 풍력 설비를 적극적으로 보급할 계획이다. 바이오

에너지와 폐기물의 에너지화 중심에서 태양광 및 풍력 등의 청정에너지 보급에 집중할 계획이다.

중국의 제13차 5개년 계획과 에너지 핵심 정책

중국은 2016년 말에 발표한 '제13차 5개년 계획(2016-2020)'을 통해 에너지 관련 정책을 추진하고 있으며 그중 에너지 부문 핵심 정책은 '석탄 과잉 생산 해소' 및 '청정에너지 이용 확대'라는 두 축으로 이루어지고 있다.

첫 번째 축은 석탄 과잉생산 해소이다. 세계 최대 에너지 소비국이며 과도한 석탄 의존으로 대기오염이 심각한 중국은 자국의 석탄산업 구조 조정을 위해 먼저 낙후된 석탄 생산 설비를 폐쇄하고 있다. 이에 따라 계획 중이거나 공사 중인 103기(120GW) 석탄 화력발전소 건설 사업 취소를 발표했다(2017. 01). 향후 설비개조 후에도 에너지효율 및 환경보호 기준에 부합하지 않는 설비를 폐쇄할 계획으로 이러한 기조는 2018년에도 이어질 전망이다.

두 번째 축은 청정에너지 보급 확대이다. 2016년에 세계 3위의 셰일가스 생산국가로 등극한 중국은 앞으로도 '천연가스 이용 촉진 계획(2017.06)'하에 셰일가스 개발에 적극적으로 투자할 예정이며 송전망 구축 등을 통해 신재생에너지 활용에 효율성을 제고할 계획이다. 2016년 기준 중국의 재생에너지 생산 설비 신규투자 금액은 783억 달러로 세계 1위이며 최근 남미와 아프리카 지역 중심으로 해외투자가 증가하는 추세이다. 2018년에도 정부 차원의 강력한 정책 지원과 빠른 기술 발전으로 중국 재생에너지 산업은 지속적으로 경쟁력이 강화될 전망이다. 다만 빈약한 전력망으로 발생하는 전력 손실, 정부 보조금 축소로 인한 기업의 자금 조달 리스크는 앞으로 해결해야 할 과제이다.

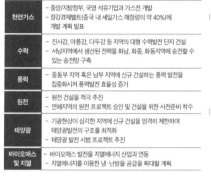

중국의 청정에너지 보급 계획

천연가스	- 중앙/지방정부, 국영 석유기업과 가스전 개발 - 장강경제벨트(중국 내 셰일가스 매장량의 약 40%)에 개발 계획 발표
수력	- 진사강, 야룽강, 다두강 등 지역의 대형 수력발전 단지 건설 - 서남지역에서 생산된 전력을 화남, 화중, 화동지역에 송전할 수 있는 송전망 구축
풍력	- 중동부 지역 혹은 남부 지역에 신규 건설하는 풍력 발전을 집중화시켜 풍력발전 효율성 증가
원전	- 원전 건설을 적극 추진 - 연해지역의 원전 프로젝트 승인 및 건설을 위한 사전준비 착수
태양광	- 기광현상이 심각한 지역에 신규 건설을 엄격히 제한하여 태양광발전의 구조를 최적화 - 태양광 발전 시범 프로젝트 추진
바이오매스 및 지열	- 바이오매스 발전을 지열에너지 산업과 연동 - 지열에너지를 이용한 냉·난방을 공급을 확대할 계획

자료 : 에너지경제연구원(2017)

중국의 주요 신재생에너지 발전 추이

자료 : National Development and Reform Commission, China(2017)

주목받는 일본의 풍력 발전

일본의 2015년 기준 신재생에너지 원별 발전량 비중은 수력(67퍼센트), 태양광(22퍼센트), 바이오(5퍼센트), 풍력(4퍼센트), 지열(2퍼센트) 순으로 수력을 제외하면 태양광 비중이 가장 높다. 발전 차액 지원제도Feed-In Tarriff, FIT 시행 이후 급증한 태양광 증가세는 신재생에너지 발전 중에서 상대적으로 매입 가격이 높다는 데 기인한다. 그러나 신규 설비 건설이 태양광에 편중하고 미운영 프로젝트가 증가한다는 문제 때문에 정부는 재생에너지 법 일부를 개정했는데, 주요 내용은 매입 단가 인하, 신재생에너지 사업 인증 강화 등을 포함하고 있어 일본 태양광 시장의 증가세가 2018년 들어 한풀 꺾일 것으로 예측한다.

풍력 발전은 2018년부터 서서히 증가세를 보이고 있다. 일본은 유럽처럼 풍력 자원이 풍부하지 않고 10MW 규모 이상의 풍력 발전 설비에 대해서는 약 5년이 소요되는 환경 영향 평가를 요구하고 있어 대형 설비의 도입이 부진했다. 그러나 최근 환경 영향 평가가 완료되고 대형 설비의 착공 시점이 확정됨에 따라 선진국의 제조업체들은 다시 일본 풍력 시장에 주목하고 있다. 유럽은 발전 설비 중 풍력의 비중이 약 10퍼센트로 성장할 여지가 적고, 미국은 2019년 말에 풍력에 대한 우대 세제 적용을 중

일본 신재생 발전 원별 매입 단가(¥/kWh)

		'12	'13	'14	'15	'16
태양광	10kW 이상	40	36	32	27	24
	10kW 미만	42	38	37	33	31
풍력		22(20kW 이상), 55(20kW 미만), 36(해상풍력, '15년 부터)				
지열		26(5,000kW 이상), 40(15,000kW 미만)				
증소수력		24(1,000~30,000kW), 29(200~1,000kW), 34(200kW 미만)				
바이오매스		13(건설자재 폐기물), 17(일반 폐기물), 24(농작물), 32(목재)				

자료 : 일본경제 산업성(2016)

일본 신재생에너지 원별 발전 비중

바이오(5)
풍력(4)
지열(2)
[%]
태양광(22)
129TWh
수력(67)

■ 수력　■ 태양광　■ 바이오　■ 풍력　■ 지열

자료 : 일본 신재생에너지 연구소(JERI)
주 : 2015년 기준임.

단할 계획이기 때문이다.

2007년 일본에서 철수했던 베스타스Vestas가 2017년 다시 일본 풍력 시장에 진출했고 GE와 지멘스Siemens는 일본의 지리적 특성에 적합한 풍력 발전 설비를 개발하여 수주할 계획이다. 일본 유러스 에너지Eurus Energy는 홋카이도에서 약 600MW 규모의 풍력 발전사업을 진행하고 있으며 에코-파워Eco-power와 J-파워J-power도 대형 풍력 발전시설을 착공할 계획으로 2018년 일본에 다시 한 번 풍력 바람이 불 것으로 기대한다.

한국의 에너지전환(탈원전) 로드맵

문재인 정부는 정권 초기부터 탈원전 에너지전환에 대한 명확한 입장과 정책 방향을 제시했다. 국정 5개년 100대 과제에 '탈원전'과 친환경 미래 에너지 정책'을 반영했으며 탈원전 로드맵 수립, 에너지 세제 개편, 전기요금체계 개편 로드맵과 같은 핵심 정책에 목표 연도를 명시했다.

2017년 10월에 정부는 '신고리 5, 6호기 건설 재개 방침과 에너지전환(탈원전) 로드맵'을 확정하여 발표했다. 주요 내용은 첫째, 원전의 단계적 감축이다. 원전을 2017년 24기에서 2022년 28기, 2031년 18기, 2038년 14기로 단계적으로 감축하고 이러한 방안을 제8차 전력 수급 기본 계획과 제3차 에너지 기본 계획에 반영하는 것이다. 둘째는 '재생에너지 3020 이행 계획'을 통한 재생에너지 확대(2017년 7퍼센트 →2030년 20퍼센트)다. 마지막은 에너지전환의 영향을 받은 지역과 산업이 연착륙

할 수 있도록 미확보 기술을 개발하고 해외 원전 해체 시장을 선점하는 등 지역 산업 보완 대책의 적극적 수립이다.

이러한 정부의 로드맵을 두고 전력 수급에 차질이 생겨 전기요금이 급등할 것을 우려하는 목소리도 있다. 정부는 초과공급으로 인해 전력요금 인상 가능성이 작고 향후 적극적인 산업 대책을 마련할 것이라고 강조했다. 한국전력에 의하면 신재생에너지의 정산 단가는 2013년 129.1원에서 2016년 102.3원으로 하락하여 3년 동안 21퍼센트 감소했다. 세계적으로 신재생에너지 발전 단가가 낮아지고 있는 점이 정부의 에너지전환 정책에 힘을 실어주고 있다.

2017년 3월, 국회 본회의에서 '환경 급전을 반영한 전기사업법 일부 개정 법률안'이 통과됐다. 환경 급전이란 환경을 고려한 전기 공급이라는 개념이다. 우리나라 전력 시장 제도는 1킬로와트시kWh 생산에 필요한 연료비가 낮은 순서대로 구매하는 경제급전 원칙을 따랐다. 그러나 미세먼지와 온실가스 감축 등 환경문제가 주목받고 지진으로 원자력 발전소에 대한 국민적 불안감이 커지면서 정부는 전력 수급 기본 계획 수립과 전력시장 운용 시 경제성뿐만 아니라 환경과 국민 안전도 종합적으로 고려하기로 했다.

2013년 국립환경과학원 통계에 따르면, 발전소에서 나오는 미세먼지는 전국 전체 미세먼지 양의 14퍼센트로 사업장, 건설기계에 이어 3위이며 발전소 오염물질의 대부분이 석탄 발전소에서 나오기 때문에 환경 급전을 실행하면 석탄 발전은 가동 우선순위에서 밀려난다. 산업통상자원부에서 노후 석탄발전소 10기를 폐지하고 기존 발전소의 환경 설비를 전면 교체하는 대수술을 감행하기로 했다.

석탄의 낮은 발전 단가에 주목하며 석탄 발전의 기여도가 전체 발전량의 40퍼센트대인 현 상황에서 환경 급전 원칙을 택하면, 전기요금 인상 부담이 커진다는 반대 의견도 있다. 그러나 미국 에너지정보청EIA이 국제 공인 계산법인 균등화 발전비용 방식으로 산정한 전망치에 따르면, 2022년에는 석탄(123$/MWh)의 발전 단가가 오히려 가장 높아지는 것으로 나타났다. 이는 대기오염과 온실가스 대책 비용, 사고위험 대응 비용, 사회갈등 비용 등 외부 비용까지 반영한 값이다. 장기적 관점에 보면 단계적인 감축 과정을 거쳐서 궁극적으로 환경 급전의 방향으로 나아가야 할 것이다.

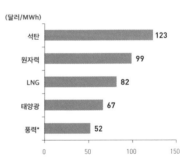

국내 에너지원별 정산 단가

(원/kWh)

에너지원	단가
유류	110
신재생	102
가스	100
석탄	78
원자력	68

자료 : 한국전력거래소(2016년 기준)
주 : 정산단가란 한국전력이 전력시장(발전자회사, 민간발전사)에 지급하는 평균 구매단가로 전력거래대금에서 발전량을 나눈 값을 가리킴. 자본 비용, 연료 비용, 운전 비용 등으로 구성됨

미국 균등화 발전비용(LCOE)전망(2022년)

(달러/MWh)

에너지원	비용
석탄	123
원자력	99
LNG	82
태양광	67
풍력*	52

자료 : EIA(Energy Information Administration)
주 : 균등화 발전비용(The levelized cost of electricity, LCOE)은 기존의 정산단가에는 포함되어 있지 않았던 대기오염 및 온실가스 대책 비용, 계통 대책 비용 사고위험 대응 비용 등 외부 비용까지 반영한 광의의 발전 비용으로 국제 공인 계산방식임

국내 에너지 저장 시스템Energy Storage System, ESS 시장은 2016년 3000억 원에서 2020년 4,400억 원 규모로 연평균 10퍼센트 성장이 예

상되며 국내 기업의 ESS 수출은 2016년 4억 달러로 전년 대비 117퍼센트 급증했다. 한편 글로벌 ESS 누적 설치 용량은 2014년 0.7GW 수준에서 2016년 1.6GW로 약 2.3배 증가한 것으로 집계되는데, 한국(291MW)의 ESS 프로젝트 수는 58건으로 미국(571MW)에 이어 가장 많은 것으로 나타났다.

정부는 스마트 그리드 구축을 위해 2016년부터 ESS 활용 촉진 요금제 도입, ESS 저장 전력의 전력 시장 거래 허용, 풍력 태양광 발전소에 ESS 설치 시 신재생에너지 공급인증서REC 가중치 부여 등 집중적인 지원 정책을 펼쳤다. 2017년부터는 공공기관 ESS 설치를 의무화하여 2022년까지 모든 공공기관에 ESS 설치를 목표하고 있다. 아직 가정용 및 소규모 상업용 ESS 설치 비율은 13.8퍼센트에 그치고 올해 말까지 설치 의무가 있는 공공기관 28곳 중 한국전력과 한국수력원자력 단 2곳만 설치를

글로벌 ESS 보급 동향 및 프로젝트 수

글로벌 ESS누적 설치용량

[GW]

	2012	2013	2014	2015	2016
	0.3	0.5	0.7	1.2	1.6

주요국의 ESS 프로젝트 수

	독일	미국	한국	일본
200kW초과	34	254	50	42
200kW이하	23	253	8	10
합계	57	507	58	52

자료 : 한국경제연구원(2017), Global Energy Storage Database, U.S. Department of Energy(2017)

국내 ESS/EMS 보급 정책

공공기관 에너지 이용 합리화 추진 규정('16)				
	대상	개수	설치용량	시장창출
ESS	계약전력 1천 kW 이상 기존 건축물	총 1,382개소	244MWh	2,000억원
BEMS	연면적 1만 m²이상 신축 건축물	매년 100여개소	10%	매년 200억원

에너지 신산업 특례 요금제 개편('17)

① 신재생에너지를 설치할수록 더 많은 전기요금 할인을 제공하기 위해 최소 사용량 20% 기준을 폐지하고, 신재생에너지 사용량의 50% 만큼을 할인
② 신재생에너지와 ESS를 함께 설치시 신재생 할인금액의 최대 50% 추가 할인

자료 : 산업통상자원부, 에너지관리공단(2017)

완료한 상태로 정책효과가 더딘 상태이다.

　최근에는 화학, 전자 등 ESS와 연계된 전통적인 업종 외에도 스마트 그리드 시스템의 강점을 가진 IT 기업의 도전이 이어지고 있다. KT는 IT 기술을 ESS와 연계하여 자체적인 에너지 관리 시스템Energy Management System, EMS을 개발했고 LG CNS 또한 자체 에너지 효율화 솔루션을 개발하여 약 4,300만 달러 규모의 괌 ESS 구축 사업을 수주했다. 최근에는 하드웨어에만 집중하는 국내 ESS 시장의 트렌드가 한계로 지적되고 있는데, 한국 기업은 배터리 및 전력변환장치 분야에서 세계 최고 수준의 기술력을 보유하고 있지만 운영 관리 소프트웨어 분야는 기술력이 미흡하여 향후 이에 대한 지원 정책이 필요한 상황이다.

에너지 정책의 시사점

지난 2017년에 유가 회복, 천연가스 생산 확대, 트럼프 정부의 파리협약 탈퇴 등 에너지 분야에 다양한 이슈가 있었다. 이는 신재생에너지 중심으로 '에너지 믹스Energy Mix의 변화'라는 공통의 지향점으로 전진하는 과정으로 분석된다. 2035년 글로벌 에너지 믹스 전망에 따르면 석유 29퍼센트, 가스 25퍼센트, 석탄 24퍼센트, 신재생에너지 10퍼센트, 수력 7퍼센트, 원자력 5퍼센트로 신재생에너지의 확대가 이어질 것이다. 한국도 '재생에너지 3020 이행계획'으로 2030년까지 에너지원별 발전량 비중에서 신재생에너지 발전을 20퍼센트까지 확대하는 것이 목표이다.

2018년 에너지 분야 주요 이슈 및 쟁점이 국내 기업에 주는 시사점은 다음과 같다. 기존 글로벌 석유업계 선도 기업이 석유 생산 및 정제뿐 아니라 천연가스, 신재생에너지, 석유화학 부문까지 포트폴리오를 다각화하는 상황에서 국내 에너지 기업도 정유 사업 일변도에서 벗어나 친환경 에너지로 사업 영역을 확장해나가야 할 것이다. 뿐만 아니라 화학 기업들은 거대 자본의 경쟁자 진입에 대응하여 시장점유를 유지할 수 있도록 설비 증설, 신규 프로젝트 및 고부가가치 상품 개발 등에 대한 전략을 새롭게 수립해나가야 할 것이다.

글로벌 정유 회사인 로열더치셸Royal Dutch Shell은 2017년 전기차의 수요 증가와 태양광 풍력의 가격 하락으로 2020년까지 연간 약 10억 달러를 투자해 신재생 에너지원으로 중심축을 옮기겠다고 발표했나. 이처럼 석유업계가 막대한 자금을 투입하여 풍력 태양광 등 신재생에너지 프로젝트를 개발함에 따라 기존 국내 에너지 기업도 수익성 확보를 위한 기술 개발에 박차를 가해야 한다.

국내 화학 기업은 가스 기반 에탄에서 에틸렌 제품을 생산하는 미국 기업과는 달리 석유에서 추출한 나프타로 에틸렌을 생산해왔다. 그러나 미국 내 나프타 가격은 원유 가격이 배럴당 50달러일 때 톤당 500달러 정도지만 에탄은 약 170달러에 불과하여 원가 차이가 상당하다. 값싼 셰일가스 기반 에탄으로 에틸렌을 생산하는 북미 기업의 시장진입에 따라 국내 기업은 가격경쟁력에서 위협받을 것으로 보인다. 따라서 국내 기업의 에탄 기반 제품생산 및 고부가가치 상품에 대한 투자와 개발이 시급하다. 국내 기업 중 롯데케미칼의 경우 2016년 6월 미국 루이지애나주 레이크찰스에 에탄 및 에틸렌글리콜EG의 생산 공장 착공을 완료하여 2019년부터 연간 100만 톤의 에틸렌과 70만 톤의 에틸렌글리콜을 생산할 계획이다.

트럼프 행정부가 탈퇴했음에도 파리협약은 2019년에도 기존의 기조를 유지할 것으로 예상하며 이에 따라 기업은 각 사의 탄소 배출 현황을 파악하고 관리하는 것이 중요하다. 철강, 시멘트, 화학 등 에너지 소비 다 업종의 경우 탄소배출권을 최소 비용으로 사고 최대 비용으로 판매할 담당 팀을 신설하고 재무팀과의 긴밀한 협력이 필요할 것이다. 타국의 탄소배출권 시장 간 해외 연계가 가능하여 특히 해외에 공장을 둔 다국적 기업의 탄소배출권 거래가 증가할 것으로 예상한다.

미국의 LNG 수출 확대에 따라 국내 기업은 미국산 천연가스로도 수입처를 다각화하여 안정적인 에너지 공급 채널을 확보할 기회를 놓치지 말아야 한다. 또한 중국과 일본의 정책 기조에 따라 재생에너지 관련 해외 프로젝트 투자를 검토할 수 있어야 한다. 국내에서는 문재인 정부의 로드맵 확정에 따라 원전 관련 기업은 국내 수요 축소에 대비하여 해외시장을 적극적으로 개척해나가야 하며, 재생에너지 관련 기업은 세금, 보조금 등 정부의 인센티브 정책을 면밀히 검토하여 최대한 활용할 필요가 있다.

07

크라우드펀딩 활성화와
P2P 대출 플랫폼의 부상

중국의 스타트업 로보씨RoboSea가 개발한 '비키Biki'는 시장에서 상당한 주목을 받고 있다. 비키는 선을 달고 물속을 비행하는 수중 드론과는 달리 100퍼센트 무선 제어 방식이라는 점에서 그 경제성을 인정받고 있다. 비키는 적외선 위치 센서가 장착돼 있어 장애물을 스스로 인식하고, 복잡한 환경에서도 지능적으로 판단해 헤엄쳐 다닐 수 있다. 비키는 크라우드펀딩 플랫폼 킥스타터Kickstarter를 통해 20만 달러 모금에 성공한 사례다.

세그웨이Segway가 선보인 루모Loomo는 사람 말을 알아듣는 인공지능 이동수단이다. 로봇 스쿠터로 불리는 이 제품은 사람의 명령에 따라 원격 제어가 가능하고 얼굴과 신체를 감지하는 센서가 내장되어 사용자를 따라다니며 실시간 촬영이 가능하다. 루모도 크라우드펀딩 플랫폼인 인디고고Indiegogo를 통해 런칭했다.

해외뿐 아니라 국내 수많은 스타트업이 시장에서 우뚝 서고 있다. 세탁물을 수거하고 세탁이 완료된 옷을 배달해주는 온·오프라인 연계 사업자인 '백의민족'도 크라우드펀딩 플랫폼 와디즈로부터 성공적으로 펀딩을 받고 서비스 고도화 및 서비스 지역 확대를 추진하고 있다. 일본에서 제작된 영화 〈너의 이름은〉이 국내 상영 전 크라우드펀딩을 통해 배급되었고 300만 명 이상의 관객을 동원해 투자자에게 80퍼센트 이상의 수익률을 준 바 있다. 숙박 플랫폼 '야놀자'도 크라우드펀딩 플랫폼 에잇퍼센트8PERCENT로부터 21억 원 규모의 투자를 유치했고 더부스, 세븐브로이, 제주맥주 같은 수제맥주 회사도 크라우드펀딩을 통해 투자를 받았다. 이 밖에도 다양한 콘텐츠 프로젝트나 지자체 사업까지도 크라우드펀딩을 통해 자금을 마련하고 있다. 국내 IT 스타트업 리니어블이 출시한 어린이 미아방지 스마트밴드는 크라우드펀딩을 통해 입소문을 타면서 제품 품귀 현상을 겪기도 한 유명한 사례다.

크라우드펀딩이란 무엇인가?

크라우드펀딩Crowd funding이란 대중에게 십시일반 자금을 모으는 것이다. 자금을 모으는 과정은 온라인 플랫폼을 통해 이루어진다. 여기서 금융혁신이 시작된다. 기존의 금융기관을 통한 자금 조달 방법을 생각해보자. 투자자와 피투자자의 만남이 이루어지지 않는다. 많은 사람에게 저축금리를 제공하며 모은 자금은 금융기관이 위험을 감내하면서 자금이 필요한 사람들에게 대출해준 구조다. 크라우드펀딩 플랫폼은 스스로 위험을 감내하지 않고 투자자와 피투자자를 만나게 해주는 새로운 구조다. 금융기관의 역할과 존립 자체가 부정되고 기존 구조를 파괴하는 수준의 혁신이다.

크라우드펀딩의 개념

많은 사람   온라인   소액

온라인을 통해 대중으로부터 자금을 조달하는 것

크라우드펀딩 기업은 온라인 플랫폼을 통해 모금자의 기술, 아이디어에 관한 정보를 등록하고, 투자자(후원자)에게 홍보를 진행한다. 투자자로부터 자금이 조달되면 이후 보상이 이루어진다.

자금을 모으는 방식은 크게 네 가지로 기부, 후원, 대출, 지분투자가 있다. 기부형이나 후원형은 비수익 모델에 해당하고 대출형과 증권형은 수익모델에 해당한다. 대출형은 자금을 대출하고 정해진 원금과 이자를 받는 구조지만, 증권형은 스타트업 또는 새로운 프로젝트에 투자하고 투자자는 주식이나 수익 증권을 가지는 방식이다. 이중 자금 모금액의 약 85퍼센트를 차지하는 것이 대출형이고, 이를 특별히 P2P 대출 플랫폼이라고 한다.

크라우드펀딩의 구조

③ 기부·후원·대출·지분투자

① 등록   ②홍보

모금자   P2P 금융 플랫폼(중개기업)   투자(후원)자

④ 보상·수익창출 등

소파이, P2P 대출 플랫폼에 아이디어를 더하다

국내외 P2P 대출 플랫폼에는 다양한 모델이 있다. 미국의 랜딩클럽Lending Club, 영국의 펀딩서클Funding Circle, 국내 렌딧, 테라펀테크도 독특한 모델을 보유하고 있지만, 소파이Sofi의 아이디어는 등장부터 주목을 받았다. 웰스파고 은행을 거쳐 헤지펀드 회사를 창업한 정통 금융인 캐그니는 스탠포드대학 경영대학원 재학 중 아이디어를 모색해냈다. 그는 스탠퍼드를 졸업한 선배들이 재학생 후배들에게 대출을 해주는 P2P 사업 아이디어로 소파이를 창업했다. 회사 이름도 사람과 사람을 잇는다는 사회적 금융Social Finance에서 따왔다.

소파이는 학자금 대출 일변도의 사업구조에서 벗어나 주택 담보대출 및 개인 신용대출에도 진입했다. 《포브스Forbes》는 소파이가 미국 내 BOA를 위협할 정도로 성장했다고 평가 했다. "은행에 가지 마세요, 소파이를 이용하세요Don't bank, SoFi." 2016년 2월 세계에서 가장 비싼 광고 시장으로 꼽히는 미국 프로 미식축구 리그 챔피언 결정전 슈퍼볼에서의 광고였다.

P2P 대출 누적 취급액 추이

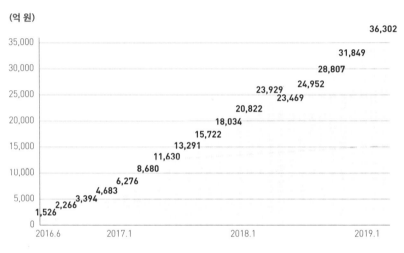

자료 : 한국 P2P금융협회

크라우드펀딩 시장 동향

크라우드펀딩 형식으로 대출이 진행되는 P2P 금융시장은 크게 성장하고 있다. 1퍼센트대의 기준금리를 유지하는 저금리 시대에 평균 10퍼센트 이상의 수익을 올릴 수 있기 때문이다. 한국 P2P 금융협회와 금융 당국이 추산하는 P2P 금융시장은 2017년 1월 약 5,275억 원 수준에서 2018년 1월 기준 1만 9,366억 원으로 약 4배 성장했다. 2019년 3월 말 기준으로는 3만 6,302억 원 규모에 달한다. 이런 추세라면 앞으로 P2P 금융시장 규모가 지속적으로 성장할 것이다.

크라우드펀딩의 성장과 금융혁신

크라우드펀딩은 투자자와 피투자자가 모두의 니즈를 충족시켜주는 모델이다. 투자자는 높은 수익성을 원하고, 피투자자는 자금 조달을 원한다. 스타트업이나 벤처기업이 좋은 기술과 아이디어를 가지고 재무제표로 매출과 수익성을 증명할 수 없으므로 기존 금융기관으로부터 자금을 조달하는 데 한계가 있다. 그러나 크라우드펀딩은 기존의 금융 산업의 모델을 깬 것이다.

세계경제포럼World Economic Forum, WEF은 금융 혁신이 일어나는 가장 힘 있는 모습이 크라우드펀딩의 성장을 통한 것이라고 주장한 바 있다. 기존의 금융 산업에서는 투자자와 피투자자가 만나지 않는 구조다. 투자자는 저축하고 금융기관은 저축된 자금을 활용해서 적정한 신용, 담보 및 사업성을 평가하는 모델을 기초로 대출해주는 구조다. 대체 자금 조달 플랫폼인 크라우드펀딩은 투자자와 피투자자를 만나게 하는 구조다. 시장 혹은 대중으로부터 해당 기술이나 제품의 평가가 먼저 반영되는 구조이기 때문에 소위 말하는 좋은 기술은 자금 조달을 받고 시장성을 인정받은 것이다.

최근 정책 기조도 크라우드펀딩을 활성화하는 방향으로 펼쳐지고 있다. 한 가지 이유는 세계적으로 핀테크 산업과 강력한 금융 플랫폼 기업이 부상하는 가운데 한국은 그에 못 미치고 있기 때문이다. 크라우드펀딩 플랫폼 기업을 적극적으로 육성해서 핀테크 산업의 성장을 촉진해야 한다.

기존 금융에서 미래 금융으로의 전환

자료 : WEF(World Economic Forum)

어쩌면 더욱 중요할 수 있는 크라우드펀딩 활성화 정책의 배경에는 '일자리'가 있다. 문 정부가 일자리 정부를 주창하고 있는 가운데 '고용 없는 경제'라는 수식어를 지울 수 없는 상황이다. 투자 부진이 지속되고 있는 한국경제는 고용 창출 여력이 없으므로 '스스로 취업'할 수 있는 생태계를 만들고자 한다. 즉 창업과 스타트업을 촉진하는 모습이다. 그러나 기존의 금융 산업 모델은 좋은 아이디어와 기술이 있는 대학생이 자금을 모으기 어려운 구조였다. 크라우드펀딩은 기존의 모델로 되지 않던 자금 조달을 가능하게 만들었다.

최근 크라우드펀딩 성공 건수와 성공 금액이 늘어나고 있다. 2016년 크라우드펀딩 성공 건수는 115건에서 2018년 185건으로 증가했고, 성공 금액도 174억 원에서 301억 원으로 늘었다. 크라우드펀딩 성공기업이 늘어나면서 일자리 창출에도 기여했다. 크라우드펀딩 성공 기업의 일자리는 2017년 말 1,999명 수준에서 2018년 말 2,534명으로 증가했다.

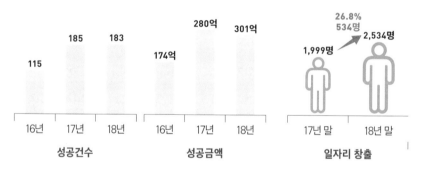

크라우드펀딩 성공 건수와 금액 및 일자리 창출

자료 : 금융위원회
주1 : 크라우드펀딩 기업 설문조사(2019.1.) 시 응답한 207개사 기준
주2 : 일자리 수치는 질문항목에 응답한 197개사 기준

크라우드펀딩 정책 동향

크라우드펀딩 규제가 크게 완화되고 있다. 2016년 1월 금융개혁의 결실로

증권형 크라우드펀딩 제도가 시행되었다. 2017년 9월 국회 본회의에서는 크라우드펀딩의 규제를 대폭 완화하는 내용의 '자본시장과 금융투자업에 관한 법률 일부 개정 법률안'(정무위원장 대안)이 통과되었다. 법안의 주요 내용은 크라우드펀딩 일반 투자자의 투자 한도가 연간 500만 원에서 1,000만 원으로, 특정 기업에는 200만 원에서 500만 원으로 확대하는 것이다. 또한 크라우드펀딩 중개업자와 사업자는 회사 홈페이지뿐만 아니라 포털사이트를 통해 자금 모집 사실을 홍보할 수 있으며 전매 제한기간도 1년에서 6개월로 단축했다.

2018년 2월에는 P2P 대출 지침을 개정해 일반 투자자의 투자 한도를 기존 1,000만 원에서 2,000만 원으로 상향 조정했다. 2019년 2월 금융위원회는 P2P 금융 법제화를 추진해 금융회사의 P2P 금융 진입을 허용할 방안을 모색하는 공청회가 열리기도 했다.

2019년 4월에 금융위원회가 발표한 '크라우드펀딩 주요 동향 및 향후 계획'에 따르면, 크라우드펀딩 플랫폼 기업, 투자자, 피투자자에 걸쳐 규제가 크게 완화될 것으로 전망된다. 먼저 크라우드펀딩 플랫폼 기업 제한이 완화될 것이다. 금융 기업도 크라우드펀딩 사업에 진입할 수 있도록 규제를 완화할 전망이다. 둘째, 투자자에 대한 규제도 완화될 것으로 보인다. 일반 투자자의 최대 투자 한도가 현재 2,000만 원으로 제한되어 있으나 이 또한 점차 완화될 것이다. 마지막으로 피투자자에 대한 규제도 크게 완화될 것이다. 크라우드펀딩 허용 기업 범위를 창업, 벤처기업에서 중소기업으로 확대하고, 자본시장법 시행령 개정을 추진해 2020년에는 코넥스 시장 상장기업에 대해 상장 후 3년간 크라우드펀딩을 허용할 것으로 보인다.

이와 같은 규제 완화와 더불어 위험성을 축소하고자 하는 방향의 정책적 노력도 더해질 것이다. 즉 P2P 금융 플랫폼의 한계를 극복하고자 하는 노력이다. 기존 금융기관을 통해 거래할 때와 달리 위험성이 상당히 높고 원금을 회수하지 못할 가능성이 있다. 이러한 한계를 보완하기 위해 투자자가 크라우드펀딩 채권 투자의 위험성을 이해하고 투자할 수 있도록 채권의 상환 건수, 금액, 부도율 등 관련 통계를 예탁원이 매 분기 집계하여 공개할 계획이다.

경영 전략 및 투자 관점에서의 시사점

크라우드펀딩을 하나의 사업 영역으로 확대할 수 있다. 기존 사업 영역과의 관련성을 고려해 시너지 창출 가능성을 진단하는 것이 우선한 과제이다. 소파이 사례와 같이 기존 P2P 금융 플랫폼 사례를 분석하고 독특한 P2P 모델을 구상하는 것도 중요한 고민의 대상이 되어야 한다.

향후 추진되는 규제 완화 추세를 관심 있게 봐야 한다. 규제 샌드박스뿐만 아니라 금융 규제 샌드박스를 통해 금융 혁신을 촉진하는 정책적 노력이 확대되고 있다. 기존에 추진했거나 향후 고려하는 사업이 규제로 진입할 수 없었던 경우라면 더욱 그러하다. 규제 동향을 이해하고 규제가 완화되거나 완화될 것으로 보이는 시장을 선점하기 위한 준비가 필요하다.

스타트업이나 중소기업은 자금 마련을 위한 하나의 채널로 P2P 금융 플랫폼을 고려해볼 수 있다. 대중에게 먼저 인정받고 시장에 나간다는 측면에서 상당한 매력이 있는 모델이다. 여러 P2P 금융 플랫폼 중에서 어느 플랫폼이 당사에 가장 적절히 매칭될 수 있는지 따져봐야 한다.

크라우드펀딩은 투자자의 관점에서도 부동산, 주식, 펀드 등 다양한 투자 채널 중 하나로 고려될 만한 영역이다. 정부는 크라우드펀딩의 위험성을 완화할 수 있도록 2019년 3분기부터 다양한 통계를 집계해 공개할 것이다. 객관적인 통계와 사례를 바탕으로 합리적인 투자를 계획할 필요가 있다. 물론 크라우드펀딩이 약 10퍼센트 수준의 수익성을 보증하지 않는다는 점, 원금 회수가 가능하지 않을 수도 있다는 점 또한 반드시 유념할 사항이다.

4 부

2020년
경제 전망과
대응 전략

2020

01

2020년 경제 전망의
주요 전제

기초설명

한국이라는 '배'는 세계라는 '바다'를 먼저 보아야 한다. 배가 아무리 튼튼하고 연료를 충분히 보유하고 성실한 선원을 충분히 확보하고 있을지라도 폭풍을 동반한 파도를 만나면 움직일 수 없다. 더욱이 한국경제는 대외 의존도가 높은 구조적 특징을 가지고 있다. 한국의 경제를 전망하는 일은 세계경제의 흐름 파악을 전제하고 이루어져야 한다.

한국경제는 세계경제의 흐름에 크게 역행한 적이 없다. 일반적으로 경제 전망을 수행하는 국내 주요 연구기관은 세계경제, 주요국 경제, 국제 무역, 국제유가, 환율 등에 대해서 IMF, 세계은행, 미국 에너지정보청 등의 국제기구 전망치를 전제로 한다. 세계경제의 주요 변수들은 국제기구의 전망치에 의존한다.

2019년 1월 세계은행은 「세계경제 전망 보고서」를 발표하면서 주제를 '어두워지는 하늘(어두워지는 하늘)'로 선정한 바 있다. 2019년 6월의 보고서에서는 '고조된 긴장과 가라앉은 투자Heightened Tensions, Subdued

Investment'를 주제로 선정했다. 2019년 하반기로 접어드는 시점에서 미중 무역분쟁의 장기화, 한일 경제 긴장 고조로 기업의 투자심리는 한없이 위축되고 있다. 2019년 세계경제 회고와 2020년 세계경제 전망은 경제 주체들의 의사결정에 중대한 지침이 될 것이다. 2020년 세계경제의 지형을 세계경제, 주요국 경제, 국제유가, 환율 순으로 들여다보고 국제기구의 전망치를 전제로 한국경제를 전망해보자.

2019년 세계경제 회고

2019년 세계경제는 하강 국면이 명확한 '결정점'이었다. 2018년부터 시작된 하방 압력이 2019년 들어 더욱 강하게 작용하고 있다. 2018년 한해 미국의 기준금리가 매우 가파른 속도로 인상되었고, 미국과 주요 신흥국 간의 정치적 갈등으로 신흥국 통화가치가 급락하기도 했다. 2018년 시작된 미중 무역분쟁이 2019년 들어 장기화 양상을 보이면서 세계경제를 더욱 불안하게 만들었다. 불안 심리가 고조되면서 안전자산 선호 현상이 팽배함에 따라 금값이 치솟았다.

　2019년 10월에 IMF는 2019년 세계경제성장률을 3.0퍼센트로 전망했다. 2019년 1월에 3.5퍼센트를 전망하고 4월과 7월에 각각 3.3, 3.2퍼센트로 하향조정한 이후 또다시 하향조정한 것이다. 근래 가장 낮은 수준의 경제성장률을 기록하고 있다. 2019년 상반기의 악재가 하반기로 갈수록 더욱 격화되고 있기 때문이다. 미중 무역분쟁의 장기화에 따라 세계

경제에 위협이 더해지고 일본의 수출규제라는 새로운 세계경제의 악재가 등장하며 한일 무역전쟁이 시작되었다. 또한 홍콩의 우산 시위가 긴장감을 더욱 고조시켰고 영국 신임 총리 보리스 존슨Boris Johnson은 2019년 10월 말 브렉시트를 강행하겠다고 발표해 많은 기업이 영국에서 이탈하는 현상이 두드러지고 있다.

2020년 세계경제 전망

2020년 세계경제는 완만하게 반등할 것으로 전망된다. IMF는 2020년 경제성장률이 완만하게 반등하지만 2019년의 저점에서 벗어나는 정도이고 2017년과 2018년 수준에 못 미칠 것으로 예측한다. 미중 무역분쟁의 불확실성과 브렉시트 등 정치적 리스크가 2020년 경제 전망에 하방 압력으로 작용할 것이다. 특히 무역전쟁과 글로벌 보호무역주의에 취약한 제조업이 침체기를 겪을 것이다.

2020년 세계경제의 특징 중 하나는 신흥국과 선진국이 상반된 양상에 놓일 것이라는 점이다. 미국, 유럽, 일본 등과 같은 주요 선진국 경제는 2019년에 이어 2020년에 내림세를 지속할 것으로 보이나 신흥국들은 2019년 저점을 기록한 이후 상당한 수준으로 반등할 것으로 예측된다. 신흥국들은 2018~2019년 위기 상황에서 벗어나는 국면이지만 선진국들은 보호무역 조치와 브렉시트의 영향으로 부진한 흐름을 보일 전망이다.

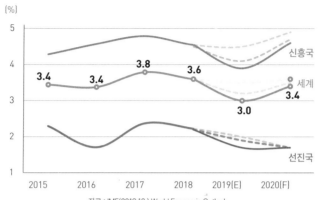

IMF의 2020년 세계경제 전망

[%]

3.4 **3.4** **3.8** **3.6**

3.0

3.4

신흥국

세계

선진국

2015   2016   2017   2018   2019(E)   2020(F)

자료 : IMF(2019.10.) World Economic Outlook
주 : 2019년 1월과 7월 전망은 각각의 점선으로, 2019년 10월 전망은 실선으로 표시함

2020년 주요국별 전망

주요국별로 살펴보면, 먼저 미국의 경기 둔화가 지속할 것으로 전망된다. 미국은 2016년 경제성장률 1.5퍼센트, 2017년 2.2퍼센트, 2018년 2.9퍼센트로 뚜렷한 회복세를 보였고, 2019년에도 2.4퍼센트 수준의 성장세를 유지했으나 2020년에는 2.1퍼센트 수준으로 둔화할 전망이다. 2019년까지 미국은 고용시장이 안정되어 민간소비가 회복세를 보이고 세제 개편 및 확장적 재정 지출 등으로 오름세를 지속했으나 2020년에는 경기 둔화 우려가 확산되고 있다 특히 제조업 경기가 크게 부진하고 중국의 농산물

수입금지 조치로 1차 산업에도 충격이 더해질 전망이다. 이러한 흐름을 반영해 미국 연준은 기준금리를 인하하는 등 적극적인 경기 부양책을 단행해나갈 것으로 예측한다.

유로 지역Euro Zone은 2016년의 저점에서 2017년까지 회복세를 보였으나 2018년 이후 회복세가 점차 둔화하면서 2019년 1.2퍼센트 수준의 부진한 흐름을 이어가고 있다. 2020년 경제는 2019년 최악의 수준에서는 벗어나지만 부진한 흐름을 벗어나기 어려울 것이다. 유럽의 경제를 견인하는 독일도 수출 경기가 위축되고 제조업 경기가 심각하게 침체하면서 성장 부진이 계속될 전망이다. 영국의 노딜 브렉시트의 문제가 해소될 기미가 보이고 있지만 연합왕국United Kingdom을 이루는 4개국(잉글랜드, 웨일스, 스코틀랜드, 북아일랜드)을 묶던 힘이 약해지고 분리 가능성이 커지면서 영국을 중심으로 불확실성이 유럽 사회에 확대되고 있다.

일본은 '잃어버린 20년'에서 '잃어버린 30년'으로 장기 저성장세를 지속하고 있다. 1990년대 초 거품이 붕괴한 이후 일본 경제는 침체 국면에 있다. 일본 경제는 2017년까지 약 30년간 평균 1퍼센트 성장에 그쳤다. 그 결과 일본의 1인당 GDP는 3만 달러대에 머무는 등 소득수준이 정체한 상황이다. 2018년과 2019년에는 0퍼센트대 성장세를 지속하더니, 2020년에는 0.5퍼센트 수준으로 극심한 침체 국면에 진입할 것으로 전망한다. 일본이 단행한 한국 수출규제는 오히려 자국 경제와 산업에 걸림돌로 작용하면서 더욱 경제 여건이 어려워질 것으로 보인다.

IMF의 2019년 주요국별 경제 전망

(%)

	2018년	2019년	2020년(E)			
			2019년 1월 전망	2019년 4월 전망	2019년 7월 전망	2019년 10월 전망
세계경제성장률	3.6	3	3.6	3.6	3.5	3.4
선진국	2.3	1.7	1.7	1.7	1.7	1.7
미국	2.9	2.4	1.8	1.9	1.9	2.1
유로지역	1.9	1.2	1.7	1.5	1.6	1.4
일본	0.8	0.9	0.5	0.5	0.4	0.5
신흥개도국	4.5	3.9	4.9	4.8	4.7	4.6
중국	6.6	6.1	6.2	6.1	6.0	5.8
인도	6.8	6.1	7.7	7.5	7.2	7
브라질	1.1	0.9	2.2	2.5	2.4	2
러시아	2.3	1.1	1.7	1.7	1.9	1.9
ASEAN-5	5.2	4.8	5.2	5.2	5.2	4.9
세계 교역증가율	3.6	1.1	4	3.9	3.7	3.2

자료 : IMF(2019.10.) World Economic Outlook

2020년에는 신흥개도국들의 경제 회복세가 상당한 수준에 이를 것이다. 중국은 경제성장률의 심리적 지지선이었던 6퍼센트 수준을 밑돌 가능성이 크다. IMF의 2019년 10월 전망 기준으로 2020년 경제성장률이 5퍼센트대로 하락할 것으로 보인다. 2019년 7월 이후 미중 무역전쟁이 더욱 격화되었고, 그 영향이 직접적으로 작용하고 있으므로 7월 전망치 6.0퍼센트에서 10월 전망치 5.8%로 하향조정된 것으로 평가된다. 러시아와 브라질은 2015년과 2016년의 마이너스 성장에서 벗어나 2017년 플러스로 전환되어 2019년에도 회복세를 지속하고 있지만, 2020년 회복 속도는 더디게 나타날 것이다. 반면 인도와 ASEAN-5이 신흥개도국 성장을 견인할 것으로 보인다.

2020년 국제유가 전망

2018년 3분기까지 국제유가는 상승세를 지속했다. 2017년부터 이어진 세계경기 확장 국면에서 미국을 중심으로 원유 수요가 증가했기 때문이다. 2018년 4분기에 국제유가가 하락하고 2019년 2분기까지 반등했으나 3분기 이후 다시 하락했다. 미중 무역전쟁이 격화되는 과정에서 원유 수요가 크게 줄었기 때문이다.

미국 에너지정보청EIA은 2019년 국제유가가 상반기까지 상승세를 보였으나 하반기 들어 다시 하락할 것으로 전망한다. 2020년 들어 국제원유가 완만한 속도로 상승할 것으로 보인다. 중동 지역의 불안정성이 국제유가를 상승시킬 요인으로 부상하고 있다. 예멘의 사우디 공격이나 미국의 대이란 제재 등으로 원유 운송 비용이 증가하고, 원유 조달과 생산에 차질이 일어날 것이다. 한편 2020년 들어 신흥국들을 중심으로 경기가 확장되면서 원유 수요가 증가할 전망이다. EIA는 완만한 세계경기 반등이 원유 수요를 소폭 끌어올려 국제유가가 완만한 상승세를 보일 것이지만 중동이라는 지정학적 리스크와 글로벌 금융시장 움직임에 따라 단기 급등락 현상이 재연될 가능성이 크다고 판단하고 있다.

주요 국제유가 동향 및 전망

(달러/배럴)

구분		WTI(전월전망대비)	Brent(전월전망대비)
2018년	평균	65.06(-)	71.19(-)
2019년	1분기	54.82(-)	63.14(-)
	2분기	59.94(-)	69.07(-)
	3분기	56.35(+0.76)	61.90(+0.88)
	4분기	53.86(-0.97)	59.36(-0.97)
	평균	56.26(-0.05)	63.37(-0.02)
2020년	1분기	52.50(-4.00)	58.00(-4.00)
	2분기	51.19(-5.31)	56.69(-5.31)
	3분기	55.47(-1.03)	60.97(-1.03)
	4분기	58.50(+2.00)	64.00(+2.00)
	평균	54.43(-2.07)	59.93(-2.07)

자료 : EIA(2019.10) STEO(Short-Term Energy Outlook)

2020년 주요국 환율 전망

2019년 중반까지 세계경제는 둔화하는데 미국 경제는 상대적으로 확장세를 지속했다. 주요국 통화 대비 달러 가치를 나타내는 달러화 지수는 2018년 1월 89.1p에서 2019년 1월 95.6p로, 2019년 7월 98.5p로 상승했다. 원/달러 환율은 2018년 이후 추세적으로 상승하는 흐름을 지속하고 있다. 2018년 미국이 기준금리를 4차례 인상하는 동안 한국은 한차례 인상을 단행했고 2019년 들어서는 한국이 먼저 기준금리를 인하하면서 원화 약세 기조가 이어지고 있다. 2019년 하반기 세계경제 불확실성이 고조되면서 안전자산 선호 현상이 나타나고, 엔화는 달러보다 강세를 보이고 있다.

2020년에는 엔화 강세, 유로화 강세, 위안화 약세를 보일 것이다. 세계 주요 투자은행의 환율전망에 따르면, 미국 경기가 2020년부터 크게 둔화할 가능성이 크고, 기준금리를 인하할 가능성이 커지면서 달러화 가치가 다소 약해질 것으로 보인다. 2019년 하반기에 예멘 후티 반군이 사우디 핵심 원유 시설을 공격하면서 중동의 지정학적 리스크가 주목받았고, 안전자산 선호 현상에 의해 엔화 강세 압력이 확대되고 있다. 유로 지역도 완화적 통화정책 기조를 이어갈 것이지만 2019년 경기 저점에서 완만하게 회복될 것으로 예상하기에 유로화 강세가 나타날 것으로 보인다. 중국 경제의 대내외적 하방압력이 강해지면서 위안화는 기본적으로 약세 흐름을 이어갈 것이다. 다만 미중 무역분쟁이 장기전으로 치닫고 있는 가운데

원/달러 및 엔/달러 일일 환율 동향

자료 : 한국은행

합의점을 찾는 듯하다가도 긴장감이 다시 고조되는 현상이 반복되면서 위안화는 등락을 반복할 것으로 보인다.

주요국 환율 동향 및 전망

(엔/달러, 달러/유로, 위안화/달러)

		3개월	6개월	9개월	12개월
엔화 (최근* 108.45)	**평균****	**104.40(+3.9%)**	**103.88(+4.4%)**	**103.17(+5.1%)**	**101.75(+6.6%)**
	최고/최저	108/101	107/100	107/98	107/96
유로화*** (1.1167)	**평균**	**1.0930(-2.1%)**	**1.1025(-1.3%)**	**1.1117(-0.5%)**	**1.1225(+0.5%)**
	최고/최저	1.15/1.07	1.17/1.07	1.19/1.05	1.22/1.03
위안화 (7.0817)	**평균**	**7.2340(-2.1%)**	**7.2750(-2.7%)**	**7.3100(-3.1%)**	**7.2850(-2.8%)**
	최고/최저	7.35/7.05	7.50/7.05	7.60/7.10	7.60/7.10

자료 : JP Morgan, Goldman Sachs 등 12대 해외 투자은행들의 환율 전망 평균, 국제금융센터
주1 : 2019년 10월 18일 기준
주2 : 유로화는 1유로당 달러, 엔화와 위안화는 1달러당 해당통화
주3 : ( )안은 최근 대비 절상(또는 절하)폭

02

2020년 한국경제
전망과 대응 전략

2020년 한국경제 전망

2019년 한국경제는 하강 국면이 명확한 '결정점'이었다. 기회 요인보다 위협요인이 절대적으로 많은 해였다. 내외적으로 불확실성이 가득했다. 사실 2018년부터 시작된 하강 국면은 2019년에 더욱 강하게 작용한 것으로 보인다. 보호무역주의가 격화되면서 무역분쟁으로 확대되듯이 말이다. 2018년 한국경제가 '나름의 선방'이라는 2.7퍼센트의 경제성장률을 기록한 이유는 수출 때문이다. 내수 경제가 급속히 안 좋아졌지만, 수출이 3.3퍼센트 증가하면서 경제를 지탱해주었다. 2019년에는 대내 경제도 안 좋은데 수출마저 둔화하면서 경제성장률이 크게 하락했다. 2019년 경제성장률 2.1퍼센트는 글로벌 금융위기 충격(2009년) 이후 가장 낮은 수준이고 유럽발 재정위기의 충격이 있었던 2012년(2.4퍼센트)보다도 낮은 수준이다.

2020년 한국경제는 수많은 변화에 직면하는 '대전환점'에 놓여 있다. 2020년 세계경제는 아시아 신흥국들을 중심으로 저점에서 벗어나 완만하게 반등할 것이다. 세계적으로 경기 부양에 초점을 두고 기준금리를 인하하는 등 완화의 시대로 접어들고 2019년에 고조된 긴장감이 2020년 들어 상당 부분 완화될 것으로 보인다. 대내적으로는 소득주도성장 정책의 기조 변화, 부동산 시장의 탈동조화, 디지털 트랜스포메이션의 급속한 진전 등 구조적 변화에 직면할 것이다. 산업적으로 수소경제의 현실화, 소재부품 산업의 집중적 투자, 신재생에너지로의 대전환 등 탈바꿈된 추세가 나타날 것으로 보인다. 2020년 한국경제는 2019년 저점에서는 반등하지만 회복세를 체감할 수 없는 수준의 2.2퍼센트 경제성장률을 기록할

2020년 한국경제 전망

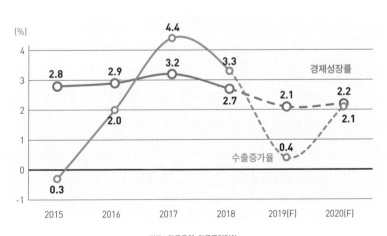

자료 : 한국은행, 한국무역협회
주1 : 2019년 9월 20일 기준 저자의 전망치임
주2 : 수출증가율은 재화의 수출(F.O.B)을 기준으로 함

것으로 전망된다.

2020년 부문별 한국경제 전망

기초설명

경제 = GDP
경제성장률 = GDP 증가율
경제 = GDP = C+I + G + netEx
(C는 소비, I는 투자, G는 정부지출, netEx는 순수출을 의미)

경제성장률은 경제규모가 전년 경제규모에 비해 얼마나 증가했는지를 보여주는 지표다. 경제를 구성하는 항목이 소비, 투자, 정부지출, 순수출이기 때문에 경제성장률은 C, I, G, netEx의 (가중)평균적인 증가율이 되는 것이다. 투자는 건설 투자, 설비 투자, 지식재산 생산물 투자로 구분되나 지식재산 생산물 투자는 비중이 미미하여 전망의 대상에서 제외한다. 정부 지출도 유사한 이유로 전망의 대상에서 제외한다. 국내외 주요 연구기관도 같은 방법을 취한다.

2020년 경제는 2019년 저점에서는 벗어나지만 2010~2018년 동안의 성장세에 못 미치는 매우 미미한 회복세를 보일 것이다. 부문별로 보았을 때 수출이 회복되지만 뚜렷하게 증가하지 않고, 설비 투자는 마이너스에서 벗어나지만 미약하며, 건설 투자는 여전히 마이너스에서 벗어나지 못하고, 소비는 큰 변화가 없을 것으로 보인다. 주요 부문별로 상세히 들여다보자.

1. 소비

민간 소비는 2018년까지 상당한 수준으로 유지되었으나 2019년 들어 크게 하락했고 2020년에도 이 수준을 지속할 것으로 전망한다. 2020년에는 2019년에 이어서 취업자가 증가하는 모습이 통계에 나타날 것이지만 재정 투입을 중심으로 노인 일자리가 크게 늘고 30~40대를 중심으로 양질의 일자리는 지속적으로 줄어들 것으로 보인다. 산업 구조조정이 본격화되고 제조업 위기를 구조적으로 해결하지 못하기 때문이다. 취약계층을 중심으로 재정형 일자리는 늘어나지만 30~40대 취업자는 감소하는 현상이 이어지며 소득이 뚜렷하게 증가하지 못할 것이다. 고용은 소득에 영향을 주고 소득은 다시 소비에 영향을 주기 때문에 소비가 회복되기 어려운 상황에 부닥친 것이다.

한편 금리가 하락하면서 이자 상환 부담이 줄어 소비 여력이 확대될 것으로 보인다. 안심전환 대출과 같은 금융 정책이 더해져 이자 부담이 줄어드는데 일정 부분 기여할 것으로 보인다. 수출이 완만하게 회복되고 소재 부품 국산화를 진전시키면서 대기업과 중소기업의 재정 여건이 개선되고 이는 일정 부분 임금 근로자와 자영업자들에게 '낙수' 효과로 나타날 것으로 보인다.

2. 투자

건설 투자가 여전히 마이너스를 기록할 것이다. 건설 투자는 크게 토목 부문과 건축 부문으로 나뉘는데 2018년부터 시작한 건축부문의 부진세가 2020년에도 지속할 것으로 보인다. 2020년 슈퍼예산안에서 볼 수 있듯이 SOC 예산이 매우 증가하면서 안전 인프라, 5G 통신 인프라 등을 중심으로 토목 부문이 상당한 수준으로 회복될 것으로 보인다. 그러나 정부의 부동산 시장 정책은 분양가 상한제 등 더욱 강력한 규제를 도입하고 있어 주택 건설을 중심으로 건축 부문이 냉랭할 것으로 보인다. 정부는 부동산 시장을 잡으려 하고 가계는 부동산 거래를 꺼리고 기업은 2020년 부동산 시장을 비관적으로 보기 때문에 건축 부문의 투자가 미진할 것으로 보인다.

설비 투자는 2020년에 유일하게 개선되는 부문으로 예측한다. 대외 불확실성이 다소 해소되고 금리가 하락함에 따라 기업의 투자심리가 다소 회복될 전망이다. 2020년 예산안에서도 나타났듯이 '산업, 중소, 에너지' 부분의 예산을 이례적인 규모로 계획하고 있고, 민간 자본이 마중물 역할을 하며 2019년 설비투자 규모에서 상당한 수준으로 개선될 것으로 보인다. 특히 시스템 반도체 산업으로 사업을 다각화하고 수소경제를 육성하며 5G 기반의 스마트 산업을 선도하고 재생에너지의 전환을 시도하는 등 신산업을 중심으로 투자가 진흥될 것으로 보인다. 소재·부품·장비 국산화를 위한 R&D 예산뿐만 아니라 규제 샌드박스와 규제자유특구를 중심으로 한 규제 완화도 기업의 투자를 유도하는 데 한몫할 것으로 예측한다.

3. 수출

2020년 상품 수출은 2019년보다 소폭 개선될 전망이다. 2019년에 격화된 미중 무역분쟁은 한국의 대미, 대중 수출에 큰 하방 압력으로 작용했다. 2020년 재선을 최우선의 목표를 달성하기 위해 트럼프 대통령은 중국과의 무역분쟁을 장기간으로 끌면서 협상의 끈을 놓지 않은 듯 움직일 것이다. 다만 2019년만큼 격화되지는 않을 것이기 때문에 대외 여건의 긴장감은 다소 덜할 것이다. 한일 무역전쟁의 긴장감도 다소 수그러들 것으로 보인다. 일본의 경제보복에 한국이 발 빠르게 대응함에 따라 그 충격이 일본에 더 크게 나타나는 양상이기 때문이다.

2020년 아시아 신흥국의 반등은 대외 여건을 개선하는 중요한 요인이다. 중국과 미국에 의존적이었던 한국의 수출 구조가 아시아 신흥국들을 중심으로 전환되고 있기 때문이다. 베트남, 홍콩, 대만, 인도, 필리핀, 싱가포르와 같은 아시아 신흥국들을 중심으로 한국의 수출 비중이 늘어나고 있다. 생산 기지와 유망 시장을 중국에서 아시아 신흥국으로 이동하는 차이나 엑소더스 현상도 중요한 근거다. 또한 2020년에는 공급선 다변화 즉, 주요 소재부품장비의 공급사슬 구조를 일본에서 다른 나라로 다양화하는 노력이 강해지면서 부상하는 아시아 신흥국들을 중심으로 수출이 증가할 것으로 전망한다.

2020년 부문별 한국경제 전망

(%, 만 명)

구 분	2016년	2017년	2018년	2019년(F)	2020년(F)
경제성장률 (%)	2.9	3.2	2.7	2.1	**2.2**
민간소비 (%)	2.6	2.8	2.8	2.2	**2.2**
건설투자 (%)	10	7.3	-4.3	-3.4	**-2**
설비투자 (%	2.6	16.5	-2.4	-5.7	**3.6**
수출증가율 (%)	2	4.4	3.3	0.4	**2.1**
소비자물가 (%)	1	1.9	1.5	0.5	**1.2**
실업률 (%)	3.7	3.7	3.8	3.9	**3.9**
취업자수 증감 (만 명)	23.1	31.6	9.7	22.1	**15.5**

자료 : 한국은행, 한국무역협회, 통계청
주 : 2019년 9월 20일 기준 저자의 전망치임

2020년 대전환점, 어떻게 대응해야 하는가?

1950년대 미국 사회에서 처음으로 흑인 여성이 공공기관에서 근무할 수 있었다. 미국 항공우주국NASA에도 흑인 여성이 전산원에 근무했지만 백인과는 구분된 공간에서 흑인 전용 화장실을 사용하고 의사결정권이 없는 부속품처럼 일할 뿐이었다. 흑인 여성은 특출한 능력으로 선출된 인재들이었지만 승진도 역할도 연봉도 평생 나아질 바 없는 상태로 일해야 했다.

1961년, 나사에 대전환이 시작된다. 벽을 허물어야 들일 수 있을 만한 거대한 컴퓨터가 들어섰다. IBM 컴퓨터였다. 컴퓨터는 인간(전산원 직원)보다 정확하고 빠른 계산을 해내기 시작했고, 전산원이라는 직업이 사라지면서 흑인 여성들은 해고 위기에 직면했다.

당시 전산원에서 일하던 흑인 여성 도로시 본Dorothy Vaughan은 컴퓨터 운용 기술을 습득하기로 마음을 굳게 먹었다. 당시 흑인 여성에게는 도서관을 이용하거나 교육을 받을 기회조차 없었지만 컴퓨터 언어인 '포트란FORTRAN'을 독학하기에 이르렀다. 나사 내에는 IBM 컴퓨터를 다룰 줄 아는 사람이 없었고 본은 핵심 전문가로 주목을 받았다. 그는 그 지식을 전산원의 모든 흑인 여성에게 교육했고 흑인 전산원 팀은 나사의 중요한 부서로 승격되었다. 도로시 본은 부서의 리더로 승진했고 나사 최초의 컴퓨터 프로그래머로 기록에 남는다.

NASA(미국 항공우주국)에 최초로 도입된 IBM 컴퓨터　　　　　도로시 본(1910~2008)

2020년은 많은 것이 바뀌는 대전환점이다. 세계경제의 기조도 정부의 재정 정책 방향도 통화 당국의 통화정책 결정도 모두 전환되는 시점이다. 이러한 전환에 대응하지 않으면 아무것도 얻을 수 없다. 변화의 흐름을 적극적으로 관찰하고 위기와 기회를 포착해야 하며 적절한 대응 전략을 구사해야 할 것이다. 3대 경제 주체(가계, 기업, 정부)의 의사결정은 '도로시 본의 대응'에 비유할 수 있다. 2020년을 맞이하는 경제 주체가 어떻게 도로시 본과 같이 대응할 수 있을지 제안을 담아본다.

1. 가계 투자관점의 대응

다른 시대로의 전환이 이루어지기 시작하는 2020년에는 개인이 어떻게 대응하느냐에 따라 결과가 달라질 수 있다. 경제의 하강 국면에서는 대부분에게 좋지 않은 흐름이 진행되고, 상승 국면에서는 대부분 좋은 성과가 있겠지만 전환국면에서는 준비된 자만이 좋은 결과을 얻을 수 있다. 2020년 경제를 먼저 들여다보고 나에게 어떤 기회가 있을지, 어떤 위협요인이 있을지를 진단해볼 필요가 있다.

2020년은 선택적으로 투자를 계획할 시점이다. 긴축의 시대에서 완화의 시대로 전환되는 2020년은 유례없는 초저금리를 경험할 가능성이 있다. 금리가 하락하니 현금을 보유하기보다는 유망한 투자처로 현금을 이동시킬 필요가 있다. 주식시장과 부동산 시장이 2019년에 비해 매력적일 수 있다.

주식시장은 기본적으로 경제와 동행하고 금리와 역행하는 성격이 강하기 때문에, 2020년 주식투자는 추천할 만한 대상이다. 낮은 금리에 따른 수혜와 확장적으로 편성되는 재정 투입 산업에 관심이 필요하다. 물론 평균 주가KOSPI가 뚜렷하게 상승하지는 않기 때문에 경제성장을 견인하는 유망 산업을 주목할 필요가 있다. 디지털 트랜스포메이션을 선도하는 기업에 주목하고 소재·부품·장비 국산화에 기여하는 기업들은 평균적인 주가의 흐름을 웃돌 것이다. 반도체 산업의 고도화, 재생에너지로의 패러다임 전환, 지급결제 산업의 혁신은 투자관점에서 중요하게 고려되어야 할 산업 트렌드다. 예를 들어 전기자동차 충전 및 과금 시스템 도입이나 시스템 반도체 핵심 장비 개발을 선도하는 기업들은 투자관점에서 주목받을 것이다.

부동산 시장은 평균적으로 완만한 상승세를 지속하겠지만 지역 간의 탈동조화 현상에 주의가 필요하다. 내 집 마련을 목표로 한 실수요자라면, 신규 주택 분양의 기회를 잡기 위해 적극적으로 시도해야 할 것이다. 2020년 부동산 후속 대책들은 실수요자들이 내 집 마련의 기회를 가질 수 있도록 여건을 마련하는 데 집중할 것이고, 분양가 상한제 적용과 금융지원을 통해 실수요자들의 부담을 줄일 것이다. 투자자들은 지역별로 다르게 움직일 특성을 전제하고 정부의 SOC 투자가 집중됨에 따라 가치가 상승할 만한 지역을 선별적으로 따져 소극적으로 투자 의사를 결정해야 한다.

마지막으로 2020년 경제 전망에 기초한 투자 방법을 고려해볼 만하다. 2020년 세계경제가 신흥국들을 중심으로 반등하고 특히 아시아 신흥국의 성장세가 상대적으로 견조할 전망이다. 이런 관점에서 신흥국 경기지수를 연동한 아시아 신흥국 ETF는 유망할 것으로 보인다. 한편 원유선물 ETF 투자를 시도하는 것도 적절할 수 있겠다. 주요 국제기구들은 국제 원유의 공급 차질 및 글로벌 수요 증가로 국제유가가 2020년 상반기까지 상승세를 지속할 것으로 보고 있다.

2. 기업의 전략적 대응 전략

2020년 대외 경제에는 무역전쟁 등의 불안 요소가 상당하다. 주요 수출 대상국을 상시로 감시하고 성장 잠재력이 높은 신규 시장을 대상으로 진출 전략을 마련하고 현지 시장에 특화된 상품 및 마케팅 기획을 수립해나갈 때다. 대외 경제가 불확실할 때는 상대적으로 내실을 다지는 것도 좋은 방법이다. 주요 산업들의 공급라인을 국산화하는 데 정책적 지원이 집중할 것으로 보이는 바, 지원을 활용해 기류에 편승하는 노력도 필요하다. 보호무역주의와 국가 간의 무역갈등이 퍼져 가는 과정에 기업의 생산 기지 및 주요 원자재와 부품 공급처를 전략적으로 이전시키는 방안에 실질적인 고민이 필요한 시점이다.

한국 정부는 경기 부양을 위한 정책에 집중할 것으로 보인다. 통화정책 측면에서는 초저금리를 유지해 기업이 적극적으로 투자를 단행할 수 있도록 여건을 만들 것이다. 또한 중소기업과 벤처기업을 육성하고 자영업 경영 여건을 개선하는 등 다양한 경기 부양책을 이행할 것이다. 제조업을 활성화하기 위해 유턴 기업 지원 정책의 실효성을 높이고 유망 산업의 투자를 진흥하기 위해 산업보조금을 투입할 예정이다. 기업은 이러한 정부의 지원 정책을 자세히 검토하고 경기 부양책을 활용하는 사업 전략을 마련해야 한다.

2020년 정부의 예산안과 재정 운용계획을 검토하는 일은 매우 중요하다. 예산안 편성을 기초로 정책 지원이 집중될 분야를 확인하고 공적 자금을 활용한 투자 계획을 진행할 필요가 있다. 2020년 예산안은 R&D 자금을 활용해 소재 산업을 적극적으로 육성할 방침이다. 빅데이터, 5G 통신인프라, 인공지능 등을 활용한 스마트 산업을 지원해 구체적인 성과가 나타날 수 있도록 계획하고 있다. 이러한 국가의 산업 정책 기조는 기업의 전략적 방향성을 선정할 때 고려해야 할 영역이다.

마지막으로 디지털 트랜스포메이션을 선도하는 기업으로 거듭나기 위한 구체적인 행동을 취해야 한다. 디지털 트랜스포메이션이 국내외 여러 산업에 걸쳐 어떻게 전개되고 있는지를 충분히 숙지하고 이를 선도하는 기업으로 부상할 수 있도록 다양한 시도가 필요하다. 정부는 공공 빅데이터를 개방할 것이고 스마트 산업단지를 조성하며 4차산업혁명 핵심 인재를 양성할 것이다. 규제 샌드박스와 규제 자유 특구 지정을 통해 규제를 적극 완화해나가는 과정에서 신산업 진출의 기회가 열릴 것으로 보인다. 범용화된 디지털 플랫폼을 구축해 차별화된 경쟁력을 구축해나가는 것은 2020년을 넘어 2020년대를 위해 중대하게 준비해야 할 영역이다.

3. 정부의 정책적 대응 전략

무엇보다 기초체력을 보강하는 정책이 필요하다. 2020년을 위한 단기적 정책 수단도 중요하지만 2020년대를 시작하는 중장기적 정책 고민이 함께 요구되는 시점이다. '경제성장률에 대한 고민'도 필요하지만 '잠재성장률에 대한 고민'이 더 중요하다. 성장 잠재력을 확충하기 위해서는 산업구조를 고도화하고 기업이 경영 시스템과 기술을 혁신할 수 있도록 유도하며 저출산 현상으로 생산연령 인구가 감소하는 것을 막는 중차대한 노력이 필요하다. 쉽지 않은 일이지만 이러한 노력을 회피하면 잃어버린 20년을 겪은 일본의 모습과 유사해질 우려가 있다.

2020년 글로벌 보호무역주의 기조로부터 강건한 대응책을 모색해야 한다. 미중 무역분쟁, 한일 무역전쟁, 디지털세 도입에 따른 새로운 무역마찰 우려 등 선진국들을 중심으로 한 보호무역주의 기조에서 한국경제를 안전하게 지켜내기 위해서는 수출 구조를 개편해야 한다. 미국과 중국에 편향적으로 수출 의존도가 높은 한국의 수출 구조는 '고래 싸움에 새우등 터치기'에 알맞다. 특히 2020년 고성장할 아시아 신흥국들을 중심으로 기업이 시장을 개척해나가고 생산기지나 공급기지를 이전할 수 있도록 지원책을 확대할 필요가 있다.

2020년 한국경제 전체가 하나되어 중점을 두고 있는 분야가 소재·부품·장비의 국산화다. 일본의 경제보복으로 시작된 소재 수출규제 책략이 오히려 경제의 취약한 부분을 절실히 깨닫고 대응에 나서게 한 촉진제가 되었다. 소재의 종류와 특성에 따라 천차만별이겠지만 EUV용 감광제 등과 같은 소재는 국산화하는 데 수년 이상이 걸릴 수 있다. 조급하게 국산화를 진행하다가 R&D 자금지원이 끊긴다든가 중점 육성 영역이 다른 부분으로 이동하지 않도록 유의할 필요가 있다. 선진 기술을 보유한 해외 기업과의 적극적인 M&A와 해외 투자 유치의 노력도 병행해야 할 것이다. 무엇보다 소재 R&D 부문은 지속적이고 장기적인 투자가 필요하므로 중장기 로드맵과 기간별 세부 실천 계획을 마련하고 이를 충실히 이행해야 한다.

정부는 내수 활성화를 위한 정책을 여러모로 마련해야 한다. 한국경제의 가장 중차대한 문제는 '투자'에 있다. 완화적 통화정책과 확장적인 재정 정책이 맞물려서 얼어붙은 기업의 투자 심리를 개선해야 한다. 규제 샌드박스와 규제 자유 특구의 한계점을 극복할 만한 규제 완화 제도를 마련해야 한다. 동시에 많은 기업이 인지하고 활용할 수 있도록 적극적인 홍보가 필요하다. 완화된 규제 시스템이 마련되었음에도 많은 기업이 이를 인식하지 못하고 여전히 '규제 탓'을 하는 모습도 나타나기 때문이다.

　　자체 감시 시스템을 보유한 대기업은 상대적으로 덜 중요하겠지만 중소기업이 대내외 여건이 어떻게 변화하는지를 정확히 이해할 수 있도록 안내하는 창구와 이벤트를 마련해 올바른 현실경제 인식을 고양해야 한다. 과도한 위기감을 조성하는 주관적 정보나 가짜뉴스가 기업의 투자 심리를 더욱 위축시키고 있기 때문이다. 투자가 진작될 때 자연스럽게 양질의 일자리가 생길 것이고 이는 소비로 연결되어 경제의 선순환 구조를 조성할 것이다.

　　마지막으로 '체감과 다른 경제'에서 벗어나야 한다. 디플레이션을 우려할 만큼 과도한 저물가가 우려되는 상황에서 서민은 고물가에 허덕이고 있다. 완만하게 경제가 회복된다고 하지만 회복이라는 단어가 와닿지 않는 서민이 대부분이다. 고용시장이 회복되더라도 30~40대의 제조업 일자리는 축소되고 있고 저금리라 해도 높은 이자 부담에 고충을 겪는 가계도 상당하다. '경제'를 부양하는 것도 중요하지만 '취약 계층과 서민이 체감하는 경제'가 활력을 찾을 수 있도록 정교한 미시적 정책을 확충해야 한다.

부록

2020

주요 투자 은행의 세계경제 및 주요국 성장률 전망

■ **세계(-0.1퍼센트p↓) : 미·중 무역정책 불확실성, 브렉시트 등**
정치적·지정학적 리스크가 세계경제 전망에 하방 압력으로 작용(Barclays).

　○ 글로벌 경제에서 무역전쟁에 취약한 제조업 부문은 이미 mini-recession에 진입.
　　글로벌 교역량이 급격히 둔화되었으며 자본지출도 약화(BoAML).

■ **미국(-0.1퍼센트p↓) : 무역분쟁 격화에 따라 성장에 미치는 영향이 확대될 것으로 예상.**
금융 여건 및 기업 심리 악화, 공급망 교란 등이 우려되어 `19.4분기 성장률 전망을 하향(GS).

　○ 부진한 대외 성장 모멘텀과 불확실성 지속으로 비거주자 고정투자, 재고, 순 수출 등의
　　성장기여도가 `20년 상반기까지 약하게 유지될 전망(Nomura).

■ **일본(+0.2퍼센트p↑) : 2분기 성장률(+1.8퍼센트, 전기비연율)이 예상(+0.6퍼센트)보다**
강했다는 점을 감안해 `19년 성장률을 상향 조정.
대외수요 부진에도 불구하고 내수가 성장을 견인(GS).

　○ 그러나 상반기의 강한 성장은 소비세 인상을 앞둔 밀어내기 효과의 영향.
　　6월 산업생산(-3.8퍼센트, yoy) 감소와 제조업 PMI 부진 등을 감안 시 3분기부터
　　성장세가 제한될 소지(JPM).

* 본 내용은 2019년 8월 말 자료를 기준으로 함

세계경제 성장률 전망

기관명	2019ᶠ	2020ᶠ
Barclays	3.1	3.1
BNP Paribas	3.3	3.3
BoA-ML	3.2	3.2
Citi	3.3	3.5
Goldman Sachs	3.2	3.6
JP Morgan	3.1	3.2
Nomura	3.3	3.4
Societe Generale	3.3	3.2
UBS	3.2	3.3
평균	3.2	3.3

세계경제 성장률 추이

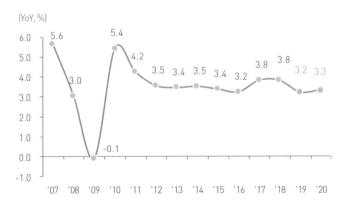

* 전년 대비, 구매력 평가(PPP) 기준. 붉은색, 파란색은 각각 전월 전망치 대비 상승, 하락을 의미

미국 경제성장률 전망

	분기별				2019f	2020f
	19.3Q	19.4Q	20.1Q	20.2Q		
Barclays	1.5	1.0	1.5	2.0	2.2	1.6
BNP Paribas	-	-	-	-	2.4	1.8
BoA-ML	1.7	1.5	1.5	1.7	2.3	1.7
Citi	2.0	1.8	2.1	2.1	2.6	2.0
Goldman Sachs	2.1	1.8	2.3	2.5	2.3	2.2
JP Morgan	1.5	1.8	1.8	1.8	2.2	1.7
Nomura	1.7	1.4	1.3	1.4	2.2	1.5
Societe Generale	2.2	0.8	0.8	-1.2	2.5	0.4
UBS	2.3	2.0	1.6	1.5	2.4	1.8
평균	1.9	1.5	1.6	1.5	2.3	1.6

* 분기별 전망은 전기대비 연율, 연도별 전망은 전년 대비 기준. 붉은색, 파란색은 전월 전망치 대비 상승, 하락을 의미

유로존 경제성장률 전망

	분기별				2019f	2020f
	19.3Q	19.4Q	20.1Q	20.2Q		
Barclays	0.7	0.6	0.1	0.6	1.1	0.6
BNP Paribas	-	-	-	-	1.1	1.0
BoA-ML	0.7	0.8	1.0	1.2	1.1	1.0
Citi	1.2	1.2	1.2	1.3	1.0	1.2
Goldman Sachs	0.3	0.3	0.3	0.4	1.1	1.3
JP Morgan	1.0	1.3	1.5	1.8	1.2	1.4
Nomura	0.9	1.0	1.4	1.2	1.1	1.2
Societe Generale	1.7	1.5	1.2	0.9	1.3	1.1
UBS	1.2	1.3	1.2	1.5	1.1	1.0
평균	1.0	1.0	1.0	1.1	1.1	1.1

* 분기별 전망은 전기대비 연율, ( )는 전년 대비, 연도별 전망은 전년 대비 기준. 분기별 평균은 전기 대비 연율의 산술평균 집계.
  붉은색, 파란색은 전월 전망치 대비 상승, 하락을 의미

중국 경제성장률 전망

	분기별				2019ᶠ	2020ᶠ
	19.3Q	19.4Q	20.1Q	20.2Q		
Barclays	6.0	5.7	5.5	5.5	6.0	5.5
BNP Paribas	-	-	-	-	6.2	6.0
BoA-ML	(5.0)	(6.1)	(6.8)	(6.5)	6.1	6.0
Citi	6.2	6.4	6.4	6.0	6.3	6.0
Goldman Sachs	6.1	6.1	5.8	6.0	6.2	6.0
JP Morgan	(5.9)	(5.6)	(5.6)	(5.9)	6.2	5.8
Nomura	6.0	6.0	5.8	5.9	6.1	5.8
Societe Generale	-	-	-	-	6.3	6.0
UBS	6.0	5.9	5.6	5.7	6.1	5.8
평균	5.9	6.0	5.9	5.9	6.2	5.9

* 분기별 전망은 전년동기 대비, ( )는 전기대비 연율. 연도별 전망은 전년 대비 기준. 분기별 평균은 전년동기 대비의 산술평균 집계.
붉은색, 파란색은 전월 전망치 대비 상승, 하락을 의미

일본 경제성장률 전망

	분기별				2019ᶠ	2020ᶠ
	19.3Q	19.4Q	20.1Q	20.2Q		
Barclays	0.5	-3.3	0.9	1.0	0.9	0.3
BNP Paribas	-	-	-	-	0.7	0.2
BoA-ML	-0.3	-2.3	0.5	0.6	1.0	0.2
Citi	0.9	-2.4	0.4	1.4	0.8	0.1
Goldman Sachs	0.5	-0.9	0.0	1.2	1.2	0.4
JP Morgan	0.2	-2.0	0.6	0.6	1.1	0.1
Nomura	0.6	-4.0	0.7	1.8	1.0	0.0
Societe Generale	3.8	-2.9	0.9	1.5	1.4	0.8
UBS	2.9	-3.4	0.7	2.1	1.3	0.7
평균	1.1	-2.6	0.6	1.3	1.0	0.3

* 분기별 전망은 전기 대비 연율, 연도별 전망은 전년 대비 기준. 붉은색, 파란색은 전월 전망치 대비 상승, 하락을 의미

주요 투자 은행의 아시아 주요국 경제지표 전망

■ **2019년 경제성장률 전망치 : 6개국(한국, 홍콩, 인도, 필리핀, 싱가포르, 태국) 하향,**
1개국(베트남) 상향 조정.

○ 홍콩(1.2퍼센트P↓) : 홍콩 시위가 13주째 이어지는 가운데 정부는 금년 성장률
전망치를 기존 2~3퍼센트에서 0~1퍼센트로 하향조정. 다수의 IB들은 3~4분기
성장률이 마이너스를 기록하여 금년 0퍼센트 대 성장세 예상.

- 6.9일부터 시작된 시위 영향으로 성장률(qoq)은 1분기 1.3퍼센트에서 2분기 -0.4퍼센트로
하락. 관광·교통물류 등 주요 산업의 매출 감소로 소매매출(GDP의 20퍼센트)이 크게
위축(6월 -6.7퍼센트 → 7월 -11.4퍼센트)되고 금융의 혈맥인 부동산 시장도 둔화(주택판매
6~7월 -20~30퍼센트). 무역분쟁과 대외수요 둔화로 수출(6월 -9.0퍼센트 yoy)은 9개월
연속 마이너스.

- 8.15일 경기 부양책(재정지출 $24억, GDP의 0.6~0.7퍼센트) 발표에도 불구 ▲소매관광업
위축 ▲부동산시장 둔화 ▲교역 악화 등 경기 하방위험 증대로 성장률을 2퍼센트에서
0퍼센트로 하향조정. 분기별로는 3Q-1.0퍼센트→4Q-0.9퍼센트 예상(Barclays).

○ 한국(0.1퍼센트P↓) : 미중 무역분쟁 장기화, 한일 관계 교착상태, 홍콩 사태 등 비우호적
대외 여건이 이어지는 가운데 민간 수요 부진으로 인플레이션 압력도 낮아지며 경기
하방 리스크가 증대.

- 2분기 성장률(잠정치)은 2.1퍼센트→2.0퍼센트(yoy), 1.1퍼센트→1.0퍼센트(you)로
속보치보다 0.1퍼센트P 하향조정. 순 수출과 정부의 GDP 기여도가 각각 0.1퍼센트p 감소한
영향 등에 기인. 민간소비 부진으로 물가상승 압력도 낮아질 전망(Citi).

* 본 내용은 2019년 8월 말 자료를 기준으로 함

아시아 주요국 지표(9개 투자 은행 평균)

	경제성장률 (Real GDP, %(%p), yoy)				물가 (CPI, %, yoy)			경상수지 (% of GDP)		
	2018	2019	(전월대비)	2020	2018	2019	2020	2018	2019	2020
한국	2.7	2.0	↓0.1	2.0	1.5	0.7	1.4	4.4	3.8	3.8
대만	2.6	2.1	-	2.0	1.3	0.9	1.3	11.9	11.4	11.9
홍콩	3.0	0.7	↓1.2	1.6	2.4	2.5	2.2	4.0	3.6	3.3
인도	7.1	6.3	↓0.4	7.0	3.7	3.4	4.2	-2.2	-2.0	-2.0
인도네시아	5.2	5.0	-	5.2	3.2	3.1	3.5	-3.0	-2.7	-2.7
말레이시아	4.7	4.4	-	4.2	1.0	0.9	2.2	2.1	3.0	2.5
필리핀	6.2	5.8	↓0.2	6.2	5.2	2.8	3.2	-2.3	-2.2	-2.2
싱가포르	3.1	0.9	↓0.5	1.6	0.4	0.7	1.1	17.9	17.2	17.6
태국	4.1	3.0	↓0.3	3.1	1.1	0.9	1.1	6.6	5.4	5.3
베트남	7.1	6.7	↑0.1	6.7	3.5	2.8	3.4	5.0	2.8	1.6

* 주요 9개 해외투자은행(Barclays, BoA-ML, Citi, Credit Suisse, Gs, JPM, HSBC, Nommura, UBS) 전망을 집계.
  빨간색, 파란색은 '19.8말 대비 상승 및 하락을 표시

각국 경제지표 전망 (투자 은행별)

한국	경제성장률 (Real GDP, %(%p), yoy)			물가 (CPI, %, yoy)			경상수지 (% of GDP)		
	2018	2019	2020	2018	2019	2020	2018	2019	2020
Barclays	2.7	2.1	2.2	1.5	0.5	1.2	-	-	-
BoA-ML	2.7	1.9	1.9	1.5	0.8	1.0	4.7	4.4	4.1
Citi	2.7	1.8	2.2	1.5	0.5	1.3	4.6	3.5	3.4
Credit Suisse	2.7	2.2	2.6	1.5	0.9	1.5	-	-	-
Goldman Sachs	2.7	1.9	2.2	1.5	0.8	1.4	4.4	3.3	3.6
JP Morgan	2.7	1.9	2.3	1.5	0.5	1.4	4.1	3.5	3.4
HSBC	2.7	2.3	2.2	1.5	1.0	2.0	4.3	2.8	2.2
Nomura	2.7	1.8	2.1	1.5	0.8	1.4	4.4	4.3	4.3
UBS	2.7	1.9	2.2	1.5	0.6	1.2	4.5	4.6	5.8
평균	2.7	2.0	2.2	1.5	0.7	1.4	4.4	3.8	3.8

대만	경제성장률 (Real GDP, %(%p), yoy)			물가 (CPI, %, yoy)			경상수지 (% of GDP)		
	2018	2019	2020	2018	2019	2020	2018	2019	2020
Barclays	2.6	2.3	2.2	1.3	0.7	1.3	-	-	-
BoA-ML	2.6	1.7	1.9	1.4	0.7	1.1	12.2	10.9	10.4
Citi	2.6	2.1	1.9	1.3	0.9	1.2	11.6	11.8	12.0
Credit Suisse	2.6	2.0	2.2	1.4	0.9	1.3	-	-	-
Goldman Sachs	2.6	2.2	2.1	1.3	1.0	1.3	12.2	12.0	14.4
JP Morgan	2.6	2.1	1.7	1.3	1.0	1.5	11.7	10.7	10.6
HSBC	2.6	2.1	2.0	1.3	0.5	0.9	12.2	11.8	12.1
Nomura	2.6	2.5	2.5	1.3	1.1	1.2	11.5	11.4	10.7
UBS	2.6	1.8	1.7	1.3	1.0	1.6	11.6	11.0	13.0
평균	2.6	2.1	2.0	1.3	0.9	1.3	11.9	11.4	11.9

홍콩	경제성장률 (Real GDP, %(%p), yoy)			물가 (CPI, %, yoy)			경상수지 (% of GDP)		
	2018	2019	2020	2018	2019	2020	2018	2019	2020
Barclays	3.0	0.0	0.2	2.4	2.5	0.3	-	-	-
BoA-ML	3.0	-0.1	0.4	2.4	2.5	2.0	4.3	5.7	5.8
Citi	3.0	0.8	1.7	2.4	2.7	2.1	4.3	4.3	2.5
Credit Suisse	3.0	2.1	2.3	2.4	2.3	2.3	-	-	-
Goldman Sachs	3.0	0.2	1.9	2.3	2.3	2.3	4.2	2.4	1.9
JP Morgan	3.0	0.3	1.5	2.4	2.5	2.6	2.8	1.8	2.3
HSBC	3.0	0.3	1.5	2.4	2.2	2.2	4.3	3.9	2.8
Nomura	3.0	2.7	3.0	2.4	2.4	2.5	4.3	3.2	3.4
UBS	3.0	0.4	2.1	2.4	3.0	3.6	3.8	4.0	4.2
평균	3.0	0.7	1.6	2.4	2.5	2.2	4.0	3.6	3.3

인도*	경제성장률 (Real GDP, %(%p), yoy)			물가 (CPI, %, yoy)			경상수지 (% of GDP)		
	FY19	FY20	FY21	FY19	FY20	FY21	FY19	FY20	FY21
Barclays	7.4	5.6	7.4	3.9	3.1	4.3	-	-	-
BoA-ML	6.8	6.7	7.0	3.5	4.5	4.5	-2.1	-2.3	-2.5
Citi	6.8	7.0	7.4	3.4	3.6	4.2	-2.1	-2.0	-1.1
Credit Suisse	7.2	6.8	6.7	4.0	3.4	3.87	-	-	-
Goldman Sachs	7.4	5.6	7.3	3.9	3.2	4.7	-2.4	-1.8	-2.0
JP Morgan	6.8	6.4	7.0	3.4	3.3	3.9	-2.3	-2.3	-2.1
HSBC	7.4	6.4	7.0	3.4	3.5	4.0	-2.2	-2.2	-2.3
Nomura	7.4	6.2	7.1	4.0	2.9	4.1	-2.4	-1.7	-2.2
UBS	6.8	5.9	6.5	3.4	3.4	3.9	-2.1	-1.9	-2.0
평균	7.1	6.3	7.0	3.7	3.4	4.2	-2.2	-2.0	-2.0

*인도의 회계연도는 매년 4.1일부터 이듬해 3.31월까지

인도네시아	경제성장률 (Real GDP, %(%p), yoy)			물가 (CPI, %, yoy)			경상수지 (% of GDP)		
	2018	2019	2020	2018	2019	2020	2018	2019	2020
Barclays	5.2	5.0	5.0	3.2	3.3	3.5	-	-	-
BoA-ML	5.2	5.1	5.2	3.2	3.2	3.2	-3.0	-2.7	-2.5
Citi	5.2	5.0	4.9	3.2	3.3	3.9	-3.0	-2.6	-2.3
Credit Suisse	5.2	5.1	5.1	3.2	3.2	3.5	-	-	-
Goldman Sachs	5.2	5.0	5.4	3.2	2.9	3.9	-3.0	-2.4	-3.3
JP Morgan	5.2	4.9	4.9	3.2	2.8	2.5	-3.0	-2.6	-2.7
HSBC	5.2	5.0	5.1	3.2	3.4	3.5	-3.0	-2.8	-2.8
Nomura	5.2	5.2	5.6	3.2	2.9	3.3	-3.0	-2.8	-2.6
UBS	5.2	5.0	5.2	3.2	3.2	4.4	-3.0	-2.7	-2.5
평균	5.2	5.0	5.2	3.2	3.1	3.5	-3.0	-2.7	-2.7

말레이시아	경제성장률 (Real GDP, %(%p), yoy)			물가 (CPI, %, yoy)			경상수지 (% of GDP)		
	2018	2019	2020	2018	2019	2020	2018	2019	2020
Barclays	4.7	4.5	4.2	1.0	1.0	1.7	-	-	-
BoA-ML	4.7	4.5	4.2	1.0	0.8	1.5	2.1	3.0	2.6
Citi	4.7	4.7	4.7	1.0	1.0	2.5	2.1	2.0	2.2
Credit Suisse	4.7	4.5	4.3	1.0	1.1	2.1	-	-	-
Goldman Sachs	4.7	4.1	4.4	1.0	0.8	3.0	2.1	3.4	2.1
JP Morgan	4.7	4.3	3.8	1.0	0.8	1.8	2.3	3.4	1.8
HSBC	4.7	4.5	4.3	1.0	0.9	2.2	2.1	2.3	2.5
Nomura	4.7	4.0	4.2	1.0	0.5	1.3	2.1	2.0	2.0
UBS	4.7	4.3	4.1	1.0	1.1	3.3	2.1	4.8	4.0
평균	4.7	4.4	4.2	1.0	0.9	2.2	2.1	3.0	2.5

필리핀	경제성장률 (Real GDP, %(%p), yoy)			물가 (CPI, %, yoy)			경상수지 (% of GDP)		
	2018	2019	2020	2018	2019	2020	2018	2019	2020
Barclays	6.2	5.7	6.3	5.2	2.7	3.2	-	-	
BoA-ML	6.2	5.7	5.8	5.2	2.7	3.0	-2.4	-2.2	-2.2
Citi	6.2	5.9	6.2	5.2	2.5	3.0	-2.4	-2.3	-2.1
Credit Suisse	6.2	6.0	6.2	5.2	3.1	3.4	-	-	-
Goldman Sachs	6.2	5.9	6.4	5.2	3.1	3.3	-1.8	-1.7	-1.8
JP Morgan	6.2	5.5	5.7	5.2	2.5	3.1	-2.4	-2.2	-2.4
HSBC	6.2	6.0	6.4	5.2	3.0	3.3	-2.4	-2.2	-2.4
Nomura	6.2	6.0	6.7	5.2	2.6	3.1	-2.4	-2.7	-3.1
UBS	6.2	5.6	6.0	5.2	2.6	3.4	-2.4	-1.6	-1.7
평균	6.2	5.8	6.2	5.2	2.8	3.2	-2.3	-2.2	-2.2

싱가포르	경제성장률 (Real GDP, %(%p), yoy)			물가 (CPI, %, yoy)			경상수지 (% of GDP)		
	2018	2019	2020	2018	2019	2020	2018	2019	2020
Barclays	3.1	1.0	0.7	0.4	0.7	0.7	-	-	-
BoA-ML	3.1	0.5	1.2	0.4	0.7	0.9	17.9	16.7	15.9
Citi	3.1	0.7	1.7	0.4	0.6	1.2	17.9	17.0	17.4
Credit Suisse	3.1	2.1	2.4	0.4	1.0	1.4	-	-	-
Goldman Sachs	3.1	0.4	1.6	0.4	0.7	1.0	17.9	17.1	16.1
JP Morgan	3.1	0.5	0.9	0.4	0.8	1.8	17.9	19.8	21.9
HSBC	3.1	1.6	1.9	0.4	0.9	0.8	17.9	17.8	17.5
Nomura	3.1	0.7	2.2	0.4	0.5	0.5	17.9	15.8	17.5
UBS	3.1	0.9	1.6	0.4	0.5	1.6	17.9	16.4	17.0
평균	3.1	0.9	1.6	0.4	0.7	1.1	17.9	17.2	17.6

태국	경제성장률 (Real GDP, %(%p), yoy)			물가 (CPI, %, yoy)			경상수지 (% of GDP)		
	2018	2019	2020	2018	2019	2020	2018	2019	2020
Barclays	4.1	2.6	2.4	1.1	0.9	0.8	-	-	
BoA-ML	4.1	2.8	3.1	1.1	0.9	1.1	6.9	5.9	5.2
Citi	4.1	2.9	3.4	1.1	1.0	1.0	6.4	6.3	6.0
Credit Suisse	4.1	3.5	3.5	1.1	1.0	1.2	-	-	-
Goldman Sachs	4.1	3.0	3.4	1.1	0.9	0.9	6.4	5.0	6.9
JP Morgan	4.1	3.0	3.4	1.1	0.8	1.3	6.4	3.1	3.3
HSBC	4.1	3.1	3.0	1.1	1.1	1.2	7.0	6.7	5.7
Nomura	4.1	3.0	3.0	1.1	0.9	1.0	6.9	5.6	5.6
UBS	4.1	3.1	3.0	1.1	1.0	1.8	6.4	5.1	4.1
평균	4.1	3.0	3.1	1.1	0.9	1.1	6.6	5.4	5.3

베트남	경제성장률 (Real GDP, %(%p), yoy)			물가 (CPI, %, yoy)			경상수지 (% of GDP)		
	2018	2019	2020	2018	2019	2020	2018	2019	2020
Barclays	-	-	-	-	-	-	-	-	-
BoA-ML	-	-	-	-	-	-	-	-	-
Citi	7.1	6.7	6.7	3.5	3.0	3.0	2.8	2.2	2.0
Credit Suisse	-	-	-	-	-	-	-	-	-
Goldman Sachs	-	-	-	-	-	-	-	-	-
JP Morgan	-	-	-	-	-	-	-	-	-
HSBC	7.1	6.7	6.5	3.5	2.7	3.0	2.9	2.1	1.8
Nomura	-	-	-	-	-	-	-	-	-
UBS	7.1	6.6	6.8	3.5	2.7	4.2	9.4	4.0	0.9
평균	7.1	6.7	6.7	3.5	2.8	3.4	5.0	2.8	1.6

2020

Point of a Great Transition